资助项目：广西哲学社会科学规划研究课题（20FTY007）

光明社科文库
GUANGMING DAILY PRESS:
A SOCIAL SCIENCE SERIES

·历史与文化书系·

民族传统体育与文化旅游产业融合发展
——基于"大健康"产业

杨 蕊丨著

光明日报出版社

图书在版编目（CIP）数据

民族传统体育与文化旅游产业融合发展：基于"大
健康"产业 / 杨蕊著 . -- 北京：光明日报出版社，
2025. 2. -- ISBN 978 - 7 - 5194 - 8523 - 8

Ⅰ. F592. 767

中国国家版本馆 CIP 数据核字第 2025MQ7105 号

民族传统体育与文化旅游产业融合发展：基于"大健康"产业

MINZU CHUANTONG TIYU YU WENHUA LÜYOU CHANYE RONGHE FAZHAN:
JIYU "DAJIANKANG" CHANYE

著　　者：杨　蕊

责任编辑：宋　悦　　　　　　　　　责任校对：刘兴华　李学敏
封面设计：中联华文　　　　　　　　责任印制：曹　净

出版发行：光明日报出版社
地　　址：北京市西城区永安路 106 号，100050
电　　话：010-63169890（咨询），010-63131930（邮购）
传　　真：010-63131930
网　　址：http://book. gmw. cn
E - mail：gmrbcbs@ gmw. cn
法律顾问：北京市兰台律师事务所龚柳方律师

印　　刷：三河市华东印刷有限公司
装　　订：三河市华东印刷有限公司
本书如有破损、缺页、装订错误，请与本社联系调换，电话：010-63131930

开　　本：170mm×240mm
字　　数：197 千字　　　　　　　　印　　张：13
版　　次：2025 年 2 月第 1 版　　　　印　　次：2025 年 2 月第 1 次印刷
书　　号：ISBN 978 - 7 - 5194 - 8523 - 8
定　　价：85. 00 元

目 录
CONTENTS

第一章

绪 论

第一节 研究背景

一、大健康产业升级打造广西经济发展新高地

随着人口老龄化时代全面来临和后疫情时代人们更加关注个人健康，人们在健康产业上的消费逐渐增加。据测算，2030 年我国健康服务业规模将达到 16 万亿元。随着我国人均 GDP 达到 1 万美元，人们对提高生命质量、保障健康安全、希望健康长寿等方面的要求越来越高，而且呈现多元化、差异化、个性化的发展趋势。自 2013 年《国务院关于促进健康服务业发展的若干意见》发布以来，我国围绕健康中国建设密集出台了一系列政策文件，核心目标是"全方位干预、全生命周期和防控重大疾病"[①]。大健康产业以健康服务为核心，通过产业融合发展满足身心和环境健康需求。大健康产业横跨三个产业，覆盖面广、产业链长、发展潜力大，已成为许多国家和地区的重要产业，我国目前尚处在起步阶段，发展空间和潜力巨大。2016 年，中共中央、国务院印发的《"健康中国 2030"规划纲要》中明确规定了健康产业的界定范围，主要包括医药、医疗、预防、健身休闲运动、健康养老等领域，并积极鼓励健康与养老、旅游、互联网、健身休闲、食品等融合发展，催生健康

---

① 国务院. 国务院关于促进健康服务业发展的若干意见［EB/OL］. 中国政府网，2013-10-18.

新产业、新业态、新模式。①

　　鉴于大健康产业投资与消费趋势的持续升温，广西壮族自治区人民政府于 2019 年发布了《关于加快大健康产业发展的若干意见》（桂政发〔2019〕33 号），旨在系统性地推进"医、养、管、食、游、动"全产业链要素的发展②。该文件明确了构建以健康养老、健康医疗、健康旅游产业为核心，同时辐射并促进健康医药、健康食品、健康运动产业联动发展的"3+3"大健康产业体系，打造高质量新时代壮美广西多元产业融合的新业态。近年来，广西以"全方位、全领域、全产业链、全生命周期"四个维度统筹全局，全面推动大健康产业发展。为深入贯彻健康中国战略，广西依托其得天独厚的长寿文化和康养资源，致力于加快大健康产业的蓬勃发展。通过组织召开专题工作会议、策划举办多样化的大健康产业高峰论坛，广西已成立了大健康和文旅产业工程指挥部，同时，政府部门亦制定并推出了一系列旨在推动大健康产业迅速发展的政策文件。此外，广西还积极引进了一批大健康产业的重大项目，旨在构建全国大健康产业发展的新标杆，从而为实现健康中国的宏伟目标贡献力量。

　　《广西壮族自治区国民经济和社会发展第十四个五年规划和 2035 年远景目标纲要》明确提出了"十四五"期间广西大健康产业的发展蓝图与核心任务，并精心策划了一系列重大项目。③ 广西依托其得天独厚的生态资源和地理优势，正全力推进大健康产业的战略布局，旨在打造具有显著影响力的大健康产业基地，建设国内一流的康养胜地，以及国际知名的健康旅游目的地。《广西大健康产业发展规划（2021—2025 年）》中提出将积极推进大健康产业对外开放，打造开放合作新高地。④ 广西大健康产业呈现出良好发展势头，

①　国务院."健康中国 2030"规划纲要［EB/OL］.中国政府网，2016-10-25.

②　广西壮族自治区人民政府关于加快大健康产业发展的若干意见［EB/OL］.广西壮族自治区政府门户网站，2019-06-21.

③　广西壮族自治区人民政府关于印发广西壮族自治区国民经济和社会发展第十四个五年规划和 2035 年远景目标纲要的通知［EB/OL］.广西壮族自治区政府门户网站，2021-04-26.

④　广西壮族自治区民政厅.广西大健康产业发展规划（2021—2025 年）［EB/OL］.广西壮族自治区政府门户网站，2021-10-15.

产业体系布局也初见规模，但仍以医药产业和健康养老产业为主，其产业发展受到阻碍主要体现在以下四方面。（1）消费市场尚未完全打开。大健康产业的消费市场受限于中老年和病患者，消费者对其了解和认知仍处在卖药和医疗器械的程度。（2）全产业链分散，商业模式落后。广西大健康产业正处于发展初期，与第一、二、三产业融合深度不够，产业链资源和各环节都相对分散，资源整合条件差，大多数的健康产业经营规模较小，缺乏核心技术的竞争力，传统健康产业与新型健康产业的衔接不够，尚未形成完整的健康解决方案和成功的商业模式。（3）研发和创新性不足。广西大健康产业的发展具有一定的地方民族特色，但其发展仍然受限于高新技术的匮乏，例如，中医药的创新与研发、长寿康养地域开发等。（4）产业制度有待完善。目前，大健康产业市场秩序较为混乱，产品标准、运营规范和管理缺少相关的政策法规，不但会造成消费者的信任危机，也会为积极参与企业的运营管理带来困难。广西快速发展的大健康产业，使得蕴含丰富健身养生民族文化的广西民族传统体育与文化旅游产业融合迎来了新的发展契机。

二、体育与文化产业融合推动广西旅游高质量发展

近年来，我国旅游市场持续呈现繁荣态势，新产品与新业态不断涌现，特别在体育与文化旅游产业深度融合方面取得了显著进展。国家体育总局办公厅发布的《关于恢复和扩大体育消费的工作方案》明确指出，应鼓励各地结合实际情况，积极推动户外运动与乡村、文化、旅游等产业的融合创新，构建具备沉浸式、体验式、互动式特色的数字体育消费新生态。① 这一趋势不仅代表了旅游业发展的新方向，更是推动旅游消费结构升级的重要力量。党的二十大报告对健康和文化建设给予高度重视，充分体现了以习近平同志为核心的党中央对体育、文化及旅游发展的深切关怀与坚定支持。体育与文化旅游的融合不仅能够有效满足人们日益增长的旅游休闲需求，还能够促进旅游消费结构的优化升级，进一步推动体育与文化产业的繁荣发展，为旅游业注入新的活力与机遇。相较于传统的主要围绕景区门票、酒店住宿、交通出

---

① 国家体育总局办公厅. 关于恢复和扩大体育消费的工作方案 [EB/OL]. 国家体育总局网站，2023-07-21.

行等方面展开的旅游消费模式，体育与文化旅游的融合极大地丰富了旅游产业链，为旅游消费开辟了更为广阔的空间，展示了旅游业的无限潜力和广阔前景。

广西在贯彻落实国家旅游发展战略方面表现积极。2021年，广西正式颁布了《关于进一步加强少数民族传统体育工作的实施意见》，该意见明确指出："加强少数民族传统体育资源开发和产业扶持力度，推进少数民族传统体育与旅游文化等融合发展。"① 2022年，广西壮族自治区文化和旅游厅进一步发布了《广西"文旅+"产业融合培育新业态拓展新消费三年行动计划（2022—2024年）》，旨在打造超过10个具备消费新业态、高聚集度、强大区域带动力和广泛品牌影响力的文化和旅游产业融合发展示范区。② 同时，计划将建成超过50个具备核心竞争优势和创新驱动作用的新业态示范项目，并培育一批高质量的"国字号"产业融合品牌，推动文化和旅游产业链、价值链向中高端水平迈进。至2024年，相关产业与文化和旅游业将实现更广泛、更深层次的融合，体育与文化旅游融合新业态将实现品质提升和转型升级，新产品、新场景的供给将更为丰富多元，体验式文旅消费规模将持续扩大。

广西贯彻新发展理念、推动高质量发展，充分运用市场化手段，开发利用广西民族体育与文化旅游资源。"十三五"期间，广西大力实施少数民族体育保护传承体系建设，打造少数民族传统体育品牌活动。据不完全统计，广西在民族传统体育文化资源方面已成功开发出共计305个相对完整的项目。③ 广西各地潜心挖掘传统体育项目，采撷民族体育之美，充分利用"民族+体育+旅游"融合发展模式，推广民族体育活动，让许多少数民族传统体育项目从小众逐步走向大众。随着体育旅游市场的进一步扩大，"体育产业+旅游市场"产生了"1+1>2"的效果。然而，广西民族传统体育与文化旅游产业的融合

① 广西壮族自治区人民政府办公厅. 关于进一步加强少数民族传统体育工作的实施意见 [EB/OL]. 广西壮族自治区政府门户网站，2021-01-21.

② 广西壮族自治区文化和旅游厅. 广西"文旅+"产业融合培育新业态拓展新消费三年行动计划（2022—2024年）[EB/OL]. 广西壮族自治区政府门户网站，2022-12-06.

③ 广西壮族自治区人民政府办公厅.《广西壮族自治区人民政府办公厅关于进一步加强少数民族传统体育工作的实施意见》政策解读 [EB/OL]. 广西壮族自治区人民政府网站，2021-01-12.

发展仍面临品牌知名度较低、融合资源开发不充分、市场效益与利益发展不均衡等多重挑战。因此，通过优化各产业功能，可以有效地促进旅游更高水平的供需动态平衡，从而推动旅游高质量发展迈上新台阶。这不仅能够更好地发挥旅游在助力经济社会发展、构建新发展格局中的积极作用，还能显著提升人民生活品质，增强人民精神力量。

三、民族传统体育与文化旅游产业融合创新广西民族传统文化传承

少数民族传统体育作为我国体育事业的关键构成部分，不仅承载着丰富的文化价值，更是我国文化遗产的瑰宝，深受各族群众喜爱，其在传承和弘扬优秀传统文化、促进各民族间交往交流交融、增强各族人民体质健康、丰富精神文化生活等方面均发挥着举足轻重的作用。2018 年，国家体育总局与国家民族事务委员会联合发布的《关于进一步加强少数民族传统体育工作的指导意见》明确指出，将少数民族传统体育视为推动民族地区经济社会发展的重要力量，并将其纳入少数民族地区乡村振兴战略之中。此举旨在通过充分利用国家扶贫政策和兴边富民政策，加大对少数民族传统体育资源的开发力度，强化产业扶持，推动少数民族传统体育与旅游、文化等领域的深度融合，以助力边疆民族地区和少数民族群众打赢脱贫攻坚战。同时，该指导意见还鼓励社会力量积极参与，推动少数民族传统体育与旅游业的有机结合。通过运动休闲特色小镇、体育休闲旅游等项目，组织开展具有本民族、本地区特色的传统体育赛事、活动和表演，旨在宣传体育旅游资源，进一步扩大市场影响力。此外，还将扶持一批具有市场潜力的中小企业，引导其向少数民族传统体育相关的体育用品制造业发展，努力构建少数民族传统体育的综合化、集群化产业价值链。

广西地区少数民族的传统体育项目，展现出了丰富多元、形式多样的特点。这些项目不仅具备鲜明的民族特色，还兼具娱乐、健身的功能和艺术欣赏的价值。例如，壮族常设的板鞋与抛绣球、瑶族的射弩、苗族的爬坡杆与打草球、侗族与壮族共同的抢花炮、仫佬族的步虎掌与舞草龙等，均拥有悠久的历史背景和鲜明的特色，且深受群众喜爱，为民族竞技体育的繁荣和民族体育旅游的开发提供了宝贵的资源。广西高度重视文化认同作为民族团结

的"根"与"魂"，将民族传统体育融入民族团结进步教育和民族文化之中。通过举办多项民族传统体育赛事和活动，广西以"体育+民族融合+文化旅游"的模式，有效促进了各族群众对中华民族共同体意识的深入理解。为了传承和发展民族传统体育，广西在政策层面给予了高度的关注和支持，推动多个民族体育类项目申报自治区级非物质文化遗产代表性项目名录。目前，已有包括壮族抢花炮、仫佬族舞草龙、白裤瑶打陀螺、隆林彝族打磨秋等在内的31个民族体育类项目成功列入自治区级非物质文化遗产代表性项目名录。然而，在当前的实践中，仍存在着文化资源活化利用率不高、业态创新模式单一、文化产品同质化严重等问题，亟待进一步改进和完善。

因此，本书从大健康产业视角研究广西民族传统体育与文化旅游产业融合问题，探究广西民族传统体育与文化旅游产业融合发展动力，构建产业融合指标体系，评价产业融合情况，分析其产业融合发展问题，并提出产业融合路径，为广西民族传统体育与文化旅游的高质量发展提出有效路径，为促进大健康产业的升级奠定基础。

第二节　研究意义

一、理论意义

在广西经济发展的时代背景下，民族传统体育和文化旅游产业融合已成为实现体育产业、文化旅游产业以及广西地区高质量发展的重要途径。目前，关于民族传统体育与文化旅游产业融合的研究大多是质性研究，学者多是围绕民族传统体育文化与旅游融合的发展机制、融合模式和路径等方面进行定性的研究，缺乏将定性与定量研究相结合的综合分析，且鲜将文化旅游产业作为一个独立产业进行深入探讨。特别是关于广西民族传统体育与文化旅游产业融合的研究更是罕见，这在一定程度上制约了相关领域的发展。本书基于现有研究背景，深入探讨广西民族传统体育与文化旅游产业融合发展的驱动力，通过层次分析法和模糊综合评价法，对广西民族传统体育与文化旅游产业的融合指标进行建构和科学的评价。同时，结合产业融合理论，对广西民族传统体育与文化旅游产业融合的实际案例进行了实证分析，进一步补充相关研究。最后结合广西融合发展实践案例，深入分析融合发展问题，并提出了针对性的融合发展路径。研究不仅为广西民族传统体育与文化旅游产业融合发展提供了重要的理论支撑，同时在一定程度上也丰富了体育产业融合方面的相关理论与实证研究，为相关领域的研究和实践提供了有益的参考。

二、实践意义

广西壮族自治区拥有良好的自然生态环境和丰富的民族传统体育资源与文化旅游资源，具备民族传统体育与文化旅游产业融合发展的必要条件，民族传统体育与文化旅游产业融合具有良好的发展前景和潜力，其融合不仅能够促进体育和文化旅游产业的双向发展，也能够推动地区的经济增长，更是推动大健康产业结构升级的重要途径。本书深入剖析广西民族传统体育与文化旅游产业融合现状及其存在的问题，同时，通过科学的方法对两者的融合水平进行量化评估，提出可实践性的融合路径，具有一定的参考价值。对促进广西民族传统体育与文化旅游产业的深度融合，提高产业资源的利用率，实现产业转型升级，推进广西经济高质量发展具有重要的实践意义。

第三节　研究目的

首先，通过文献资料法，运用产业融合理论，对广西民族传统体育与文化旅游产业融合的政策、经济和社会等环境进行分析，研究其融合发展动力、互促作用与融合模式的理论问题；其次，结合广西民族传统体育与文化旅游产业发展的基本情况，运用层次分析法和模糊综合评价法构建并评价大健康产业背景下广西民族传统体育与文化旅游产业的融合指标；最后，通过案例分析，提出大健康产业背景下广西民族传统体育与文化旅游产业融合的发展路径。

第四节　国内外相关研究

一、关于大健康产业的研究

当前，中国作为全球人口最多的国家，面临着人口老龄化加剧与人口增长放缓的双重挑战，这促使国民对健康保健的需求日益增强以及健康意识普遍提升。自 2013 年起，国家为了积极响应民众需求，便开始积极地推动健康服务业发展并发布了一系列支持措施，旨在加速大健康产业的壮大。2015 年10 月，随着党的十八届五中全会的召开，"健康中国"的建设被提上日程，成为国家发展战略的重要组成部分；2016 年 10 月，《"健康中国 2030"规划纲要》由中共中央和国务院联合发布，标志着"健康中国"战略进入了全面实施阶段，开启了我国卫生健康事业的新篇章。[①] 与此同时，来自全球各地的学者和专家，凭借各自独特的专业视角，对大健康产业的概念和相关研究也进行了广泛而深入的挖掘。因此，对"大健康产业"相关研究的分析，不仅深化了大健康产业的理论发展，还为本书奠定了坚实的理论根基。

（一）大健康产业概念的研究

"大健康产业"这一术语承载着鲜明的中国特色，并非国际通用表述。在国外，与之相类似的范畴通常被统称为"健康产业"。然而，国外学者在探讨健康产业概念时，其研究焦点主要集中在医疗领域，并且多数情况下将健康产业界定为囊括医疗服务、保健产品以及健康促进等在内的广泛经济活动与相关产业。美国经济学家提出了健康产业的概念，并将其分为疾病产业和保健产业。总的来说，疾病产业主要关注患者的治疗和康复，目的是解决已经患病的人群的健康问题。而保健产业则更加注重健康人群的健康管理和预防疾病，旨在帮助人们保持健康状态，预防疾病的发生。因此，健康产业包括了疾病产业和保健产业两部分内容，二者在服务对象和目的上有所不同，但

---

① 国务院．"健康中国 2030"规划纲要［EB/OL］．中国政府网，2016-10-25.

都致力于改善人们的健康状况，提供相应的医疗服务和保健服务。①

国内的学者对大健康产业颇有研究。"大健康"这个概念最早可以追溯到20世纪90年代，但是大健康产业成为热点是在2014年以后，尤其是2016年开始"大健康产业"成了一个热门词语。我国学者关于大健康产业概念的界定主要从社会学、经济学、产业链、产业融合等角度进行。社会学的角度界定大健康产业概念，认为大健康产业表现为一个全面且整合的生态系统，其稳固的基石在于优质的自然环境，产业的主要支撑点在于健康产品的精良制造。而推动这一生态系统不断发展的核心动力，源自健康服务的提供。通过产业的深度融合与发展，大健康产业全面满足了社会对于健康需求的全产业链动态需求。② 产业链的角度认为大健康产业构成了一个完整且涵盖广泛的产业链，其核心在于提供与维持健康、疾病治疗、医疗修复以及健康促进相关的全系列产品与服务，这些均围绕着人类生命周期的各个阶段展开。③ 经济学的视角认为大健康产业显著呈现出其固有的产业性质以及市场化的鲜明特征。大健康产业系指为满足人民健康需求而展开的多样化活动，这些活动是在形成具体产品或服务的供需关系基础上，进行的具有市场化和生产性特征的经济活动。④ 然而，大健康产业市场的前瞻产业报告中将大健康产业定义为一个集合体，涵盖了所有与保持健康状态、恢复健康机能以及提升健康水平相关的产业活动，并根据产业主体的不同，将大健康产业划分为医疗产业、医药产业、保健品产业、健康管理服务业和健康养老产业五个领域。产业融合的视角认为健康产业可明确划分为医疗服务与健康服务两大核心领域。健康产业不仅涵盖了直接致力于提升健康状态的医疗服务业，同时也包括为医疗服务提供关键支持和保障的医疗器械、医药制造产业以及保险行业。此外，健康产业的范畴还进一步扩展至健康服务评价体系、疾病预防措施，以及一系

---

① 皮尔泽 . 财富第五波 [M]. 王永，译 . 长春：吉林大学出版社，2004.

② 张车伟，赵文，程杰 . 中国大健康产业：属性、范围与规模测算 [J]. 中国人口科学，2018（5）：17-29，126.

③ 杨雪桐，李雪 . 我国医疗器械行业发展概况及发展趋势浅析 [J]. 中国设备工程，2021（18）：114-115.

④ 金碚 . 关于大健康产业的若干经济学理论问题 [J]. 北京工业大学学报（社会科学版），2019，19（1）：1-7，84.

列新兴的健康服务业态，如休闲健身、健康旅游和养老服务等，这些新兴业态均与健康产业的总体发展目标紧密相关。①

总之，国内外的学术界对于大健康产业的概念界定尚未达成一致的共识。专家学者们立足于各自的专业领域和研究视角，对大健康产业的定义进行了多元化的诠释。由于分析框架和学科背景的差异，大健康产业在不同学科视域下展现出的特点与分类呈现出多样性。因此，本书根据学者们的研究，基于体育学科，从产业融合的角度对大健康产业进行定义：大健康产业是围绕人类健康需求所构建的一个功能全面且相互依存的产业集合。该产业以健康为核心，涵盖了健康服务评价、健康预防、休闲健身、健康旅游以及健康养老等多个领域，旨在提供丰富多样的健康服务，以满足人们日益增长的健康需求。

（二）大健康产业的发展研究

国内外针对大健康产业的研究涵盖了广泛的领域，学者们从医疗卫生、生物医药、信息技术、农业经济、经济结构改革、金融服务、宏观经济调控、服务行业管理等多个学科视角，对大健康产业的生态环境、各细分领域的发展态势、产业间的协同融合等基本理论及其发展路线进行了深入探讨。

1. 大健康产业发展环境的研究

美国学者保罗·皮尔泽（Paul Zane Pilzer）在其著作《财富第五波》（*The New Wellness Revolution*）中前瞻性地预测，健康产业将会崛起成为席卷全球的"第五波财富浪潮"；2012 年，美国十年间健康产业链总就业人数增加了 76.58%，在经历全球金融风暴后就业情况依旧良好，充分证明健康产业链可以辐射医疗、服务、体育等附属产业，带动整个社会经济发展。

国内学者对不同地区的大健康产业发展环境进行了研究。成渝地区认为着力发展大健康产业是实现经济高质量增长的切实可行路径②；云南大健康产业的发展在助力云南脱贫攻坚的工作中具有显著作用，发展大健康产业对东

---

① 汤炎非. 给健康产业发展找个"新标尺"［N］. 健康报，2018-12-18（7）.
② 师明萌. 抢抓成渝地区双城经济圈建设战略机遇推动长寿大健康产业高质量发展［J］.
  重庆行政，2020，21（3）：20-25.

盟的对外投资具有促进作用①；广西大健康产业发展环境包括政治环境、经济基础、社会需求与科技支撑等，广西凭借其独特的地理区位、丰饶的旅游资源、悠久的健康长寿文化和多元的民族传统，拥有实施大健康产业带动精准脱贫的独特优势②。

2. 大健康产业各领域发展的研究

首先，医疗保健行业角度的研究。医疗产业的核心产品涵盖了实体商品与服务两大类，具体而言，既包括药品和医疗设备等实物产品，也涵盖了诊疗服务、护理照料等非物质服务项目。③ 我国学者针对贵州省大健康产业发展框架下的医疗保健领域，深入探讨了其消费基础、消费驱动要素，以及医疗行业对整体大健康产业进步的显著影响。在此背景下，他们一致认为，适时地对与大健康产业紧密相关的医疗保健消费进行研究，不仅与贵州省长远发展规划高度契合，更是积极响应了人民群众对健康需求日益增长的趋势。④

其次，医药行业角度的研究。主要包括了大健康产业背景下医药企业的投资、并购、融合、战略发展，也有中医药的发展、创新等方面的研究。美国学者研究了健康产业的演变过程中医疗行业的发展是如何对整个健康产业产生作用的，以及其快速发展对医疗服务产生的影响⑤；信息技术在健康产业

---

① 黄泠. 培育壮大新兴产业推进产业强省建设 [J]. 社会主义论坛, 2022 (2)：53-54；田东山，黄佑银. 深化经济体制改革推动昆明跨越发展 [J]. 社会主义论坛, 2019 (3)：21-22；郭旭初. 发展大健康产业与巩固脱贫攻坚成果 [J]. 中共云南省委党校学报, 2019, 20 (6)：100-104；李赛. 云南生物医药行业对东南亚直接投资问题研究 [D]. 昆明：云南大学, 2017.

② 严丽萍，李国隆，刘晟，等. 发展大健康产业助推县域经济转型升级 [J]. 中国行政管理, 2018 (1)：145-147；赵桂阳. 浅谈广西大健康产业发展环境分析 [J]. 西部皮革, 2018, 40 (10)：19-20；黄倩华. 广西大石山区依托大健康产业实施脱贫攻坚研究 [J]. 桂海论丛, 2017, 33 (3)：68-72.

③ SERRANO-LOMBILLO A, ESCUDER I, DE MEMBRILLERA-ORTUÑO M G, et al. Methodology for the Calculation of Annualized Incremental Risks in Systems of Dams [J]. Risk Analysis, 2011, 31 (6)：1000-1015.

④ 向媛. 贵州大健康产业视角下医疗保健消费的实证研究 [D]. 贵阳：贵州财经大学, 2018.

⑤ CHASE-LUBITZ J F. The Corporate Practice of Medicine Doctrine：An Anachronism in the Modern Health Care Industry [J]. Vanderbilt Law Review, 1987, 40 (2)：445-488.

中的应用可以提高经济效率和增加产业收益的影响①；我国学者对云南白药企业作为大健康产业的一部分进行考量，通过了解大健康产业的独特属性，剖析了云南白药的盈利预期状况，以及影响其盈利预测的财务信息关键要素②；还有学者对甘肃、安徽、黑龙江、广西等地区中医药大健康产业的发展进行研究，提出产业融合、科技创新等发展建议③。

再次，健康管理服务行业角度的研究。国外学者主要从健康管理的概念和实践方面进行研究。美国学者通过分析健康管理与公共健康服务体系，主要集中于围绕提升公众健康水平而设计与实施的政策，探索这些政策的有效性和影响力。国外学者从维护健康的观念出发，强调生活方式的转变和主动预防在维护和促进健康方面的重要作用。国内的学者主要从预防医学的角度来阐述健康管理服务产业。在我国人口老龄化日益加剧的背景下，构建融合医疗、养生与养老服务的综合体系，已经成为提升老年人生活品质的关键路径和发展趋势④；美国健康服务管理发展模式对我国大健康产业的健康管理服务行业的发展具有一定的启示作用⑤。

最后，健康养老产业角度的研究。国外学者贝恩德·埃贝勒（Bernd Eberle）认为在西方的社会结构中，健康养老产业占据了国家福利系统内一个至关重要的位置。它涵盖了许多方面，旨在提供全面的健康保障和服务，为老年人的健康提供更多的选择和保障。⑥ 国内学者主要从养老与大健康产业融

① DEVARA S, KOHLI R. Information Technology Payoff in the Health-Care Industry: A Longitudinal Study [J]. Journal of Management Information Systems, 2000, 16 (4): 41-68.

② 张意. 基于 RBF 神经网络的大健康产业盈余预测研究：以云南白药为例 [D]. 南京：南京邮电大学，2020.

③ 黄新明，谢渊沫，黄晓梅. 甘肃省中医药大健康产业发展策略 [J]. 甘肃科技，2023，39 (9)：92-96；许晶晶，周亚东，苏昕. 安徽中医药大健康产业发展路径研究 [J]. 产业创新研究，2023 (2)：70-72；练亚杰，傅文第，刘静茹，等. 关于促进黑龙江省中医药大健康产业发展的思考 [J]. 中国现代中药，2022，24 (12)：2309-2314；赵立春，钟余特，唐农，等. 广西中医药大健康产业国际创新合作思路探析 [J]. 中医药管理杂志，2019，27 (13)：7-10.

④ 欧阳雪梅. 中国大健康产业如何塑造未来医养模式 [J]. 人民论坛，2020 (28)：71-73.

⑤ 刘燕飞. 组织行为学视角下合作学习共同体研究 [D]. 济南：山东师范大学，2016.

⑥ 埃贝勒. 健康产业的商机 [M]. 王宇芳，译. 北京：中国人民大学出版社，2010.

合的角度进行研究。有学者剖析日本、德国及美国等国家的相关做法，提炼出在人口老龄化趋势下，大健康产业投资领域的全球实践经验和教训，并进一步结合中国的具体国情，精心设计了一系列具有针对性的战略建议，旨在为国内相关企业指明方向，提供可参考的行动指南①；有学者认为四川民族地区大健康产业与养老服务业的融合发展相较于省内其他区域在发展上尚存不足，进而提出相应的对策与建议并明确了实现路径②；也有学者推理了广西实行田园式养老的可行性，并为广西养老行业的发展提供经验与理论支撑③。

（三）大健康产业的融合发展研究

国内的学术研究聚焦于识别与大健康产业能够实现互补增长的各类行业，如医疗养老产业、现代农业、林业及其衍生经济、体育产业、生态旅游及文化旅游等。林业种植活动、林下经济模式以及森林康养服务等林业相关领域的发展与大健康产业的兴起呈现出一种共生共赢的态势④；生态旅游业与健康产业的融合发展过程中涉及资金、企业、精品产品等问题⑤；现代农业是大健康产业链条上的首要环节，两者间的协同创新不仅能推动现代农业的现代化进程，同时亦能催化中药养生、绿色旅游等上下游产业的蓬勃发展⑥；体育与健康产业的深度耦合及高质量共同发展，不仅是我国经济转型的重要驱动力，也是满足大众对健康生活方式向往及多样化消费需求的核心要素，并提出了促进体育产业与健康产业融合发展的路径⑦。

① 赵雅恒. 人口老龄化背景下大健康产业投资的国际经验 ［J］. 科技经济市场，2022（10）：10-12.
② 何秋洁，杨翕雅，陈国庆. 四川民族地区大健康产业与养老服务业融合发展研究 ［J］. 内蒙古科技与经济，2022（5）：3.
③ 曾子峰，刘丹丹. 乡村振兴与大健康产业背景下广西田园式养老研究 ［J］. 农村经济与科技，2022，33（19）：181-185.
④ 陈圣林，邵岚. 大林业与大健康的融合与共生：解读中国林业大健康产业发展路径 ［J］. 林业与生态，2017（3）：14-16.
⑤ 金媛媛，王淑芳. 乡村振兴战略背景下生态旅游产业与健康产业的融合发展研究 ［J］. 生态经济，2020，36（1）：138-143.
⑥ 信军，李娟. 大健康产业与现代农业融合发展 ［J］. 中国农业信息，2017（19）：6-7，38.
⑦ 胡若晨，朱菊芳. 体育产业与健康产业高质量融合发展研究 ［J］. 体育文化导刊，2020（11）：78-83，104.

大健康产业作为一个新兴的经济增长点，近年来受到了全球范围内学者们的广泛关注。研究聚焦点涵盖了大健康产业的基础定义与体系构建、产业的具体范畴、发展轨迹以及它与不同行业间协同发展的潜力和实践。国内外学者对大健康产业发展的研究趋于多元化、融合化基本达成共识，主要可以分为"治疗型"大健康产业（医疗、医药、卫生、健康管理等）和"预防型"大健康产业（健康咨询、养老、康养、文旅融合等），并根据产业运行的模式提出发展建议，其相关研究为本课题的研究奠定了理论基础。

二、关于文化旅游产业的研究

文化旅游产业是旅游产业的重要组成部分，中国学术界和政府部门对文化旅游产业的认识存在泛化现象。许多人把旅游业主体作为文化产业的组成部分。其实，这是把旅游文化与文化旅游混为一谈。文化旅游产业作为一种特殊的综合性产业，在新世纪的经济社会发展中，凭借其高度的产业关联性、广泛的涵盖领域、强大的辐射效应和显著的带动力，成为最具活力的新兴产业之一。文化旅游不仅涵盖了历史遗迹、建筑风格、民族艺术等多元内容，更因其强大的包容性，几乎能够整合所有与之相关的产业，共同推动经济社会的全面发展。文化旅游产业作为一个近年来新兴并备受瞩目的概念，其兴起与游客需求的深刻转变紧密相关。国内外学者对文化旅游产业概念进行了梳理，国内学者相关的研究主要从文化旅游产业资源与构成范围、不同类型的文化旅游发展、体育特色小镇对文化旅游产业发展的作用、文化旅游政策法制、文化旅游发展模式、文化旅游产业指标构建等方面进行梳理。

（一）文化旅游产业概念的研究

国外学者较早对"文化旅游"的概念内涵进行了探讨，然而至今尚未形成明确的界定。"文化旅游"强调文化在其中的核心地位，其内涵覆盖旅游的各方面。① 文化旅游涵盖艺术和音乐、对目的地的情感体验、节庆活动以及遗

---

① RITCHIE J R B，ZINS M. Culture as Determinant of the Attractiveness of a Tourism Region [J]. Annals of Tourism Research，1978，5（2）：252-267.

产资源等方面。① 文化旅游是指艺术表演、文物展览等文化活动促进了文化与旅游产业的交融②，在通过让游客了解目的地的文化遗产和居民生活方式，以满足其精神层面的需求③。

国内学者对文化旅游产业概念的研究随着产业发展而丰富。文化旅游产业涉及对目的地物质和精神遗产的开发、营销和推广，是旅游业不可或缺的组成部分。④ 文化旅游产业是通过对人文旅游资源的开发，以满足消费者需求为目标的旅游产业。⑤ 随着研究的深入，学者们认识到文化旅游产业并非单一的文化或旅游产业，而是文化与旅游相互渗透、融合的综合产业。文化旅游产业是文化与旅游相结合的产业新模式。⑥ 文化旅游产业是旅游经营者结合文化资源和自然山水资源，加工并满足游客文化旅游需求的产业。⑦ 在文旅融合的背景下，文化旅游产业涵盖博物展览、文化表演、休闲娱乐活动等与旅游业的结合。⑧ 也有学者基于系统科学理论，提出文化旅游产业是由两个系统构成要素相互耦合形成的多层次、多要素的创新系统。⑨ 还有学者通过分析文化旅游产业中的 PPP 模式，了解文化旅游产业是文化产业与旅游产业深度融合的新型文化业态，以文化创意为核心，以观光旅游为主要形式，致力于创造新型场景。⑩

---

① JAMIESON W. The Challenge of Cultural Tourism［J］. Canadian Tourism Bulletin, 1994, 3（3）: 3-4.

② CONNELL J. Film Tourism-Evolution, Progress and Prospects［J］. Tourism Management, 2012, 33（5）: 1007-1029.

③ HAIGH M. Cultural Tourism Policy in Developing Regions: The Case of Sarawak, Malaysia［J］. Tourism Management, 2020, 81（1）: 104-166.

④ 张春香, 刘志学. 基于系统动力学的河南省文化旅游产业分析［J］. 管理世界, 2007（5）: 152-154.

⑤ 龚绍方. 制约我国文化旅游产业发展的三大因素及对策［J］. 郑州大学学报（哲学社会科学版）, 2008, 41（6）: 67-69.

⑥ 邵金萍. 再论文化旅游产业的特征、作用及发展对策［J］. 福建论坛（人文社会科学版）, 2011（8）: 29-32.

⑦ 王克岭, 段玲. 文化旅游产业政策量化评价: 2009—2021 年政策样本的实证［J］. 华侨大学学报（哲学社会科学版）, 2023（5）: 43-54.

⑧ 兰苑, 陈艳珍. 文化产业与旅游产业融合的机制与路径: 以山西省文化旅游业发展为例［J］. 经济问题, 2014（9）: 126-129.

⑨ 杨春宇, 邢洋, 左文超, 等. 文化旅游产业创新系统集聚研究: 基于全国 31 省市的 PEF 实证分析［J］. 旅游学刊, 2016, 31（4）: 81-96.

⑩ 胡钰, 王一凡. 文化旅游产业中 PPP 模式研究［J］. 中国软科学, 2018（9）: 160-172.

（二）文化旅游产业资源与构成的研究

我国学者对文化旅游产业的组成要素及其分类进行了细致的研究，并对我国各地文化旅游产业资源的现状进行了全面评估。文化旅游产业的组成要素丰富多样，包括文化主题公园的建设、文化旅游景区的运营、文化旅游创意产业的发展、文化旅游线路的设计与推广、文化旅游商品及纪念品的开发与销售、文化旅游传播渠道的拓展、文化旅游开发项目的实施、文化旅游休闲服务的提供、文化表演艺术的展示、文化旅游娱乐活动的组织、文化旅游保护机制的建立以及文化旅游传播内容的推广等。这些要素共同构成了以文化旅游为核心的完整产业链，是具有显著经济价值的文化生产经营活动。① 文化旅游产业已经迈入以文化创意驱动为主导的新阶段，要实现文化创造性转化、创新性发展，需要文化创意赋能。要着力开发地域特色文化资源，提升品牌形象，通过新媒体传播和培养高素质文化旅游人才等实践工程，推进文化旅游产业转型升级、高质量发展。文化创意赋能文化旅游发展具有提升文化旅游内涵、拓展文化旅游产业外延、催生文化旅游融合、促进文化旅游消费、平衡文化旅游区域差异等功能意义。② 有学者基于需求和分工两大推动文化旅游产业发展与演进的动力源，将其分为基础文化旅游产业和延伸文化旅游产业。其研究尝试构建了 18 个大类、69 个中类的中国文化旅游产业分类体系，通过建立单位名录库、借助"特有产品"概念、制定严谨说明来界定文化旅游产业边界范围。③ 有学者分析指出河南省文化旅游产业的资源主要有姓氏文化、武术文化、古都文化、宗教文化、博物馆文化和戏曲文化，河南省文化旅游产业发展主要存在缺乏科学规划、文化内涵挖掘不够、文化旅游产业链条短、管理体制不健全等问题，提出应加强政府宏观指导，优化体制、提升旅游产业的文化品位，突出独特文化内涵、建立文化旅游产业示范区、拉长文化旅游产业链条等建议。④ 山西文化旅游产业竞争力包括文化旅游资源要素、文化旅游需求条件、相关产业支持力度、文化旅游企业的竞争与合作

① 张晓楠，王颖. 现代文化旅游产业的突破与趋势 [J]. 经济导刊，2011（1）：94-96.

② 范周，谭雅静. 文化创意赋能文化旅游产业发展 [J]. 出版广角，2020（6）：6-9.

③ 范朋，晏雄. 文化旅游产业统计分类逻辑与统计范围边界 [J]. 统计与决策，2022, 38（17）：31-36.

④ 刘芳. 论河南省文化旅游产业的发展策略 [J]. 中国商贸，2011（6）：156-157.

四方面。山西以文化作品宣传旅游产业、以知名品牌引领文化旅游产业、以金融资源支持文化旅游产业、以会展业拉动文化旅游产业、以区域合作助推文化旅游产业、以人才培养壮大文化旅游产业等，为产业发展提供路径。①

（三）不同类型的文化旅游产业的研究

1. 民族、民俗文化旅游产业的相关研究

针对国内民族文化旅游产业化相关文献进行深度可视化分析，发现研究焦点显著集中于民族地区旅游、民族文化旅游、文化旅游产业与民族文化资源的整合、文化旅游的开发策略，以及文化和旅游融合创新的模式。未来，为确保民族地区与民族文化创意产业的稳健发展，有效推动文化创新转化的战略实施，积极顺应文化与旅游产业深度融合的必然趋势，在满足文化旅游产业高质量发展的核心需求等热点问题的基础上，可加强对中观、宏观层次经济学问题的深入理论分析与实证研究。② 有学者基于"生态位"理论下研究民族文化旅游产业的生态位构成、民族文化旅游产业演化的动力机制以及民族文化旅游产业优势生态位的构建，认为民族文化旅游产业同自然生物体一样都是在发展进程中共同创造出各自的生态空间及生态地位，但不同的是生物的生态位具有一定的稳定性，而民族文化旅游产业的生态位则因产业发展的需要而频繁发生变动。③ 也有学者基于文化与经济融合与可持续发展的战略视角，通过构建针对民族文化旅游产业的文化指标体系和经济指标体系，细致分析这两个指标体系间的协同作用，对民族文化旅游产业的可持续发展能力进行综合评价，最后将民族文化旅游产业详细划分为文化旅游业、民族特色手工艺产业、民族传统演艺产业、民族节庆与会展业以及山地休闲与户外探险产业等多个具体领域。④ 有研究指出农村地区文化旅游产业的发展以民俗文化为核心打造的文化旅游产业，在旅游市场中更具有竞争力。促进农村

---

① 安微娜，贾泽华. 山西文化旅游产业竞争力提升路径研究 [J]. 宏观经济管理，2013（9）：75-76.

② 黄月玲，刘梓汐. 基于可视化分析的民族文化旅游产业化研究综述 [J]. 广西民族研究，2021（6）：172-180.

③ 王忠云，张海燕. 基于生态位理论的民族文化旅游产业演化发展研究 [J]. 内蒙古社会科学（汉文版），2011，32（2）：102-107.

④ 黄娅. 民族文化旅游产业可持续发展的综合评价体系及评价方法研究：基于文化经济协同发展的视角 [J]. 贵州民族研究，2012，33（1）：111-116.

地区文化旅游产业的健康发展，应注重打造差异化文化旅游产品和服务，形成具有本土特色的旅游文化，将民俗文化打造成为旅游品牌。①

不同城市的文化旅游产业发展也存在差异。在银川市文化旅游产业的发展过程中，目前尚未成功构建以民族文化为核心的独占性文化竞争优势，也未确立以地域特色为焦点的独特品牌竞争力。同时，尚缺乏一个能够强有力地带动关联产业发展的文化旅游产业链体系。对此，有研究提出挖掘和集焦具有内涵的回族文化旅游、扩展和延伸具有影响力的节庆会展文化旅游、丰富和壮大具有地方特色的演艺文化旅游、发展和创新具有现代品位的休闲运动文化旅游等对策。② 在过去的十年间，云南民族文化旅游产业的总体效益呈现出稳步上升的趋势，显著增强了其区域竞争力。同时，该产业对国内旅游产业效益的贡献亦逐步增大，其在同期云南省国民生产总值中的占比亦逐年攀升。为了进一步推动民族文化旅游的发展，云南省应通过强化民族文化建设，并将其确立为当地的支柱产业。在此基础上，从政策、资金等维度给予全方位的支持，以促使民族文化旅游业成为区域经济新的增长点。③ 我国少数民族八省区文化旅游产业的公共文化旅游资源、文化旅游产业的经济和人力资源等要素对少数民族地区文化旅游产业的竞争力具有显著的正向决定作用。云南省因公共文化旅游资源丰富、产业的经济和人力资源较为充分等优势，其文化旅游竞争力居于少数民族八省区之首，而西藏、青海则由于文化旅游资源未能得到有效开发、交通状况不能有效支撑产业需求等原因产业竞争力较低。④

2. 非物质文化遗产旅游的研究

国内学者关于遗产类的文化旅游的研究地域性较强，主要研究的是不同地区的非物质文化遗产旅游。转型升级中的云南省丽江市文化旅游产业主要呈现的是丽江市世界文化遗产，如丽江古城、玉龙雪山等极富竞争力的文化

① 郭瑞娟. 我国农村地区文化旅游产业发展趋势及差异化研究［J］. 农业经济，2021（9）：49-51.
② 毛凤玲. 银川市文化旅游产业发展对策研究［J］. 江苏商论，2011（4）：132-134.
③ 谢红雨，伊继东，甘建候. 云南民族文化旅游产业效益的 SSA 分析［J］. 中国人口·资源与环境，2014，24（S3）：238-241.
④ 肖博华，李忠斌. 民族地区文化旅游产业竞争力评估体系及测算［J］. 统计与决策，2016（15）：59-61.

旅游产品，此外还有《丽水金沙》《印象丽江》等高品位的民族文化旅游品牌①；大庆市文化旅游产业在现有的地域特色、文化资源和自然资源的基础上，推进大庆市非物质文化遗产文化与旅游产业的深度融合，培育新型文化旅游业态，打造特色品牌和核心竞争力，推动大庆市经济转型升级等②；石刻文化遗产是安岳县最具影响力的文化名片，安岳县可通过强化资金保障、升级打造品牌、拓展产业融合、加强立体营销、强化保护利用、提高智慧赋能等优化路径，提高其在巴蜀文旅走廊中的核心竞争力，进一步促进安岳石刻文化旅游产业的高质量发展③。

3. 历史文化旅游的研究

有学者从产业经济学的角度，依托历史型文化旅游情况分析西安文化遗产型文化旅游产业，提出坚持政府主导型的发展战略，应对市场需求，理顺管理体制，大力实施精品带动战略，培育文化旅游产业支柱和文化旅游产业链，形成文化旅游产业群，提升当地文化旅游产业的核心竞争力等建议。④ 有研究发现新乡市的历史文化旅游产业以其丰富的旅游资源为载体，向广大旅游者传递深厚的文化信息和人文精神，构成了旅游产业不可或缺的核心价值。这种深度融合的方式不仅有效增加了旅游业的文化内涵，而且在更广泛的范围内推动了文化旅游业基地的形成与发展，从而显著提升了人们的旅游活动质量。⑤

（四）文化旅游产业融合的研究

我国学者对文化旅游产业融合主要是从不同文化和旅游产业的融合内容的角度进行研究。资源融合是文化旅游产业融合的前提和基础，技术融合是文化旅游产业融合的关键和核心，功能融合是文化旅游产业融合的重要内容，

---

① 赵纯，和沁，许健，等．转型升级中的云南省丽江市文化旅游产业 [J]．思想战线，2011，37 (5)：122-123.
② 刘莹，赵起．大庆市文化旅游产业融合发展路径研究 [J]．美与时代（城市版），2024 (5)：99-101.
③ 宫庆伟，段奕辰．安岳石刻文化旅游产业在巴蜀文旅走廊建设中的再开发路径 [J]．四川省干部函授学院学报，2024 (2)：32-39.
④ 谭启鸿，张晓楠，雷可为．西安文化旅游产业发展的道斯矩阵分析 [J]．中国商贸，2011 (36)：168-169.
⑤ 陈姗姗．新乡文化旅游产业的发展问题研究 [J]．中国商贸，2011 (26)：181-182，190.

界域融合是文化旅游产业融合的发展和提升，区域融合是文化旅游产业融合的空间拓展等，从这些角度分析旅游业发展的内容；应积极实施政策引导、推动文化旅游之间的互动交流、鼓励科技创新、加大市场推进力度等建议。①会展与文化旅游的深度融合，对于双方的互利共赢具有显著推动作用。以会展活动为重要媒介，文化与旅游产业能够激发出全新的发展动能。为实现文化旅游产业的高质量发展，文化旅游业与会展业需在多方面展开主动融合与深度合作，包括资源共享、文化深度交融、技术精准嵌入、人才有效整合以及企业间的紧密合作等，通过相互交叉、相互渗透，实现协同发展的目标。②有学者构建了文化旅游产业融合发展评价指标体系。结果表明：（1）我国文化旅游产业耦合协调度整体不高，文化旅游产业融合发展总体呈现东部>中部>东北>西部的格局；（2）人口数量和城镇化率均能显著推动区域文化旅游产业融合发展水平的提高；（3）人均 GDP 的增加对本地文化旅游产业融合起到的拉动作用不明显。③ 在中原经济区文化产业与旅游产业的战略规划中，务必深化文化与旅游资源、产品、市场的系统性整合，以提升文化产业和旅游产业的核心竞争力及影响力。此外，应积极响应消费者日益增长的文化旅游体验需求，持续优化服务，以期在实现文化传承与创新的同时，达成打造国内一流旅游目的地的宏伟目标。④

（五）特色小镇助推文化旅游产业发展的研究

特色小镇建设在推动文化旅游产业发展方面取得了显著成效，这一举措在促进该区域经济结构的优化调整、产业的转型升级、辐射带动周边经济的协同发展以及创造更多社会就业机会等方面，均发挥着至关重要的作用。同时，特色小镇建设也成为拓宽旅游人群文化认知渠道、构建和谐社会环境、

---

① 鲍晓宁，乔玉．产业融合背景下文化旅游产业发展问题探讨［J］．商业经济研究，2016
（22）：196-197.
② 安婷，张安琪．"文旅+会展"赋能文化旅游产业高质量发展：以"西安年·最中国"
春节系列活动为例［J］．陕西开放大学学报，2024，26（2）：68-70，96.
③ 王笑天．文化旅游产业融合发展的时空格局与影响因素分析［J］．统计与决策，2022，
38（21）：98-101.
④ 陈太政，陈准，王吉祥，等．中原经济区建设背景下河南文化旅游产业融合发展研究
［J］．河南大学学报（自然科学版），2013，43（3）：286-290.

实现文化与资源可持续发展的有效途径。① 特色小镇在开发的过程中，文化旅游产业已经迈入以文化创意驱动为主导的新阶段，应着力开发地域特色文化资源，提升品牌形象，通过新媒体传播和培养高素质文化旅游人才等实践工程，推进文化旅游产业转型升级、高质量发展，提升文化旅游内涵、资源之间的关系。② 而运动休闲特色小镇的空间布局结构应以"运动"和"休闲"为核心。周坤等强调，通过体育这一独特平台，可以汇聚文化、旅游、金融等多元化产业，并融合休闲、娱乐、旅游等多元功能，从而构建出既具备产业定位又蕴含文化内涵的区域空间集合体。③

　　在国外的深入探究中，学者们从体育旅游、传统文化以及经济效益等多重维度对运动休闲特色小镇进行了系统的分析。运动休闲特色小镇被视为体育产业与旅游产业相互融合的新兴业态，具备社会性、文化性和艺术性等特质。④ 在对加拿大不列颠哥伦比亚著名的惠特勒小镇进行研究时，学者指出其成功与地理位置及配套设施存在紧密联系。⑤ 而我国的运动休闲特色小镇极为重视传统文化的保护与传承，并在此基础上进行创新，通过文化创意产品的研发进一步促进经济增长，从而提升社会效益。⑥ Momtaz 认为，运动休闲特色小镇的建设应以政府为主导，通过探索和实践，不仅为当地带来了经济效益，也为运动休闲特色小镇的成功发展奠定了坚实基础。⑦

---

① 郭永久．特色小镇建设为文化旅游产业发展添动力 [J]．人民论坛，2017 (27)：136-137.

② 谢珈，花晨．特色小镇的文化旅游产业打造 [J]．江西社会科学，2019，39 (11)：222-227.

③ 周坤，王松，苏欣．运动休闲特色小镇空间：特征、价值与营销方略 [J]．体育文化导刊，2022 (1)：92-97.

④ 维德，布尔．体育旅游 [M]．戴光全，朱竑，译．天津：南开大学出版社，2006：48-49.

⑤ KELLY J, WILLIAMS P W, SCHIEVEN A. Toward a Destination Visitor Attendance Estimation Model：Whistler, British Columbia, Canada [J]. Journal of Travel Research, 2006, 44 (4)：449-456.

⑥ MFKALA G D, JONES R N, MACDONALD D H. Valuing the Benefits of Creek Rehabilitation：Building a Business Case for Public Investments in Urban Green Infrastructure [J]. Environmental Management, 2015 (6)：1354-1365.

⑦ MOMTAZ S. Public Participation and Community Involvement in Environmental and Social Impact As sessment in Developing Countries：An Application of the Vroom-Yetton Model Using Bangladesh as a Case Study [J]. The Internationol Journal of Environmental Cultural Economic and Social Sustainability Annual Review, 2006, 2 (4)：89-97.

（六）文化旅游产业发展模式的研究

我国学者从不同角度、不同学科、不同地域对文化旅游产业发展模式进行研究。有学者从产业视角对文化旅游产业发展的模式提出优化配置资源，促进教研与规划服务投入的合理化，认为应提高文化旅游产业的游客接待和盈利能力，发挥文化旅游产业集群绩效，推动文化旅游产业的创新和升级。[①]在宏观层面上，民族旅游开发模式可划分为三个主要方面：首先是集中开发策略，着重于打造特定的民俗旅游点；其次是联合开发模式，致力于构建整合多条民俗旅游线路的综合体；最后是系列开发方式，通过系统规划，构建全面涵盖的民俗旅游区。从旅游产品与服务的供应视角来看，传统旅游产业链系指一个涵盖了所有旅游相关产品与服务供给及分配的完整链条，具体而言，它包括了旅行社、交通运营单位、餐饮业、酒店业、各类景区景点、旅游商品销售点、旅游交通工具运营商，以及各类休闲娱乐设施等核心旅游企业的协作网络。[②] PPP 模式是推动文化旅游产业健康持续发展的重要手段，成功的文化旅游 PPP 模式主要以产业发展为核心，提供综合性、全方位服务，注重长期高效运营。[③]在新媒介生态的深刻影响下，我国文化旅游产业的发展开发模式正经历着由传统的"单向开发"模式向更加注重互动与合作的"双向培育"模式转变。在经营方式上，由传统的"重资产"经营模式逐渐转向更加灵活、高效的"轻资产"经营模式。同时，旅游体验方面，也从传统的"资源主导的在场式体验"转变为更加注重科技融合与创新的"科技赋能的沉浸式体验"。在推广策略上，文化旅游的推广方式由传统的"显性媒介推广"向更为隐性的"隐性场域干预"转变，旨在通过渗透式的传播策略提升文化旅游的知名度和影响力。此外，在经营理念方面，也实现了由"特色项目导向"到更加全面、综合的"全域旅游导向"的转型，以推动文化旅游产业的

① 袁丹，雷宏振．我国西部地区文化旅游产业发展效率与产业集群研究 [J]．内蒙古社会科学（汉文版），2013，34（4）：158-162．

② 张欣，张迎芬．民族文化旅游产业协调开发模式思考 [J]．贵州民族研究，2014，35（4）：112-115．

③ 胡钰，王一凡．文化旅游产业中 PPP 模式研究 [J]．中国软科学，2018（9）：160-172．

全方位发展。①

新疆文化旅游涵盖四个核心层面：首先，以文物、史迹、遗址和古建筑等为核心的历史文化层，体现了深厚的历史底蕴；其次，以现代文化、艺术和技术成果为特征的现代文化层，展示了当代的创新与发展；再次，民俗文化层聚焦于居民的日常生活习俗、节日庆典、祭祀、婚丧、体育活动及衣着服饰等，彰显了独特的民俗风情；最后，道德伦理文化层以人际交流为外在表现，反映了社会交往中的道德规范。新疆文化旅游产业凭借其民族性、独特性、完整性、丰富性和人文性特点，展现了独特的文化魅力和旅游价值。然而，新疆文化旅游产业发展模式存在文化旅游产业链对接不完善、文化旅游产业发展动力不足、文化旅游产业管理不到位、文化旅游产业营销低层次等困境。② 梅州文化旅游产业发展模式包括金融支持城市与旅游同步发展模式、金融支持旅游产业融合发展模式、金融支持产业集聚发展模式三种典型模式。③ 汨罗市文化旅游产业发展主要存在"去文化"与"文化朝觐"两种不同发展模式，前者向后者的模式转型过程中，可以通过嵌入式、参与式和整合式等不同的路径赋能产业发展④。

（七）文化旅游产业政策法治的研究

我国学者采用不同的研究方法对文化旅游产业的政策和法规的研究进行分析梳理，并提出建议。也有很多学者在文化旅游产业发展的研究中分析了相关的政策法规问题。

有学者从产业融合视角，对 2009 年至 2021 年的 68 项文化旅游产业政策文本进行文本定性分析，运用 PMC 模型进行政策量化评价发现，政策发文主体分别体现了国家统筹及文化和旅游部的主导作用与主体地位，政策发文数

---

① 王爽. 我国文化旅游产业的转型路径研究：基于媒介生态变革的视角 [J]. 山东大学学报（哲学社会科学版），2021（6）：54-61.

② 金璐. 论新疆文化旅游产业发展模式 [J]. 新疆师范大学学报（哲学社会科学版），2012，33（3）：38-45.

③ 江锋. 金融支持客家文化旅游产业发展研究：广东梅州案例 [J]. 中国统计，2014（5）：44-46.

④ 山娜，兰翠芹. 设计赋能汨罗市文化旅游产业的理论与路径 [J]. 包装工程，2021，42（24）：327-332.

量可划分为探索阶段的初始增长期、推动阶段的稳步增长期和提升阶段的快速增长期三个阶段，政策文本高频词呈现"旅游→文化→文化+旅游"的变化；文化旅游产业政策设计较合理，同时文化旅游产业政策尚存在较大的优化空间。① 我国文化旅游产业还缺乏完善的立法、执法与司法保障，这势必阻碍文化旅游产业的健康成长。因此，我国还需要在法治层面为文化旅游产业的发展提供必要支撑，积极响应市场需求的变化，深化文化旅游产业内部及其与相关产业之间的交流合作，将更多优质的文化资源与旅游资源有效地转化为文化旅游产品与服务，从而提升文化旅游产业的整体实力。法治为文化旅游产业提供法治保障的必要性。② 我国冰雪运动相关政策变迁呈现为治理主体从"政府主导"向"多主体协同"的转变，发展侧重从"重竞技"向"均衡发展"的转变，结构布局从"局部发展"向"整体布局"的转变。在后冬奥时期，以空间文化挖掘为核心，提升产业空间竞争力，以空间消费耦合为基础，强化产业空间吸引力，构成了冰雪文化旅游产业空间延续的行动框架。③ 有学者认为宁夏生态文化旅游产业发展存在资源开发过度、产品同质化较高、市场监管不足等问题，并提出如下建议：完善法律法规，维护生态文旅新秩序；坚持绿色发展，把握生态产业新态势；丰富文化底蕴，拓宽文化产业新形式；掌握数字科技，激发文旅产业新动能；打造产业品牌，促进乡村振兴新格局。该研究为新时代宁夏生态文化旅游产业发展提供可行路径。④

（八）文化旅游产业指标体系的构建的研究

我国学者采用不同的评价方法构建了文化旅游产业发展的评价指标体系，并进行测量或评价。有学者借助 VAR 格兰杰因果检验法，运用社会网络分析法探究了文化旅游产业高质量融合发展的空间关联网络的结构特征，通过QAP 二次指派程序法探讨其形成机制。研究表明，我国文化旅游产业高质量

① 王克岭，段玲. 文化旅游产业政策量化评价：2009—2021 年政策样本的实证 [J]. 华侨大学学报（哲学社会科学版），2023（5）：43-54.

② 孟宁. 文化旅游产业离不开法治护航 [J]. 人民论坛，2018（34）：106-107.

③ 李艳. 后冬奥时期冰雪文化旅游产业空间的延续：政策变迁、行动框架及路径选择 [J]. 体育与科学，2022，43（2）：43-48.

④ 冯雪红，张冰青. 宁夏生态文化旅游产业发展现状与路径优化 [J]. 贵州民族研究，2023，44（6）：144-150.

融合发展的地区分异特征明显，全国文化旅游产业高质量融合发展的空间关联网络结构特征由六大系统共同作用形成。① 有学者运用耦合协调度模型对四川省广元市 2010—2020 年文化旅游产业发展耦合协调水平及融合水平进行定量测度研究，发现广元市旅游产业发展水平明显滞后于文化产业发展水平，2020 年旅游产业发展水平略超文化产业发展水平，文化旅游融合协调度等级较低。未来广元市需要进一步推动文化赋能旅游产业，促进文旅产业深度融合；推动全域旅游提质增效，提升文旅产业综合效益；健全数字文旅产业体系，激活文旅融合新引擎，以实现文旅融合高质量发展。②

三、关于民族传统体育与民族传统体育旅游的研究

（一）民族传统体育的概念

民族传统体育是在各民族长期的社会历史演进中孕育而成的，这类体育活动深深植根于特定的民族文化土壤之中，彰显出鲜明的民族风格与地域特性。这些活动不仅包括各种形式的体能竞技活动，还包括与宗教、仪式、节日等相关的体育活动。民族传统体育作为文化遗产的核心元素，对于探索和理解一个民族的传统文化、历史脉络及社会风貌扮演着至关重要的角色。这一概念的首次公开亮相可追溯至 1964 年《人民日报》曾发表文章报道庆祝伊犁哈萨克自治州成立十周年的民族传统体育运动会。直到 1998 年教育部颁布《普通高等学校本科专业目录》，在体育学的一级学科框架下，正式设立了包含"民族传统体育"在内的四个二级学科，这标志着"民族传统体育"作为官方认可的专业学科身份的确立。目前关于民族传统体育概念国内界定有很多，研究方向也各不相同。有学者基于民族传统体育的本质与目标考量，认为民族传统体育应被定义为一种社会文化活动的综合体现。此活动以人体运动作为核心手段，着重关注人的身心全面发展，旨在强健体魄、丰富民众的

---

① 张新成，梁学成，宋晓，等. 文化旅游产业高质量融合发展的空间网络结构及形成机制 [J]. 统计与决策，2022，38（18）：16-21.

② 史振华，王吟旭. 基于耦合协调度模型下广元市文化旅游产业融合水平研究 [J]. 四川省干部函授学院学报，2024（2）：40-47.

文化生活，并承担起传承与弘扬民族文化的重任。① 有学者从民族文化的视角出发，认为民族传统体育是指那些在中华民族的土地上，经过历代人民的创造并广泛传承至今的体育活动，以及那些在古代历史长河中由外族引入并在我国逐渐扎根、发展壮大的所有体育形式。这些体育活动不仅承载了中华民族丰富的文化内涵，也体现了多元文化的交流与融合。② 有学者从民族传统体育的竞技和文化特性的角度出发，认为民族传统体育作为一种独特的文化现象，指的是由特定民族历经世代传承下来的竞技娱乐活动。③ 还有学者从民族传统体育的传统性出发，认为民族传统体育是具有浓厚民族文化色彩和特征的传统体育活动。④

（二）民族传统体育旅游的研究

随着健康意识的增强和生活水平的不断提升，民族传统体育旅游迅速崛起，凭借其文化内涵和地域特色，吸引了大量国内外游客，成为经济发展新的增长点。我国学者从不同的角度分析民族传统体育旅游的问题。有学者从经济效益的角度分析民族传统体育旅游经济效应，它包括直接经济效应、间接经济效应以及诱发经济效应⑤；有学者从产业发展方式的角度来说明民族传统体育旅游通过举办赛事活动、节庆表演等形式，有效拉动了旅游产业链的延伸⑥；有学者从民族传统体育与旅游产业的融合的方向提出，民族传统体育旅游的核心在于体育活动与旅游资源的有机结合⑦。民族传统体育与旅游业相融合，不仅对推动地方经济繁荣有着显著效果，同时也深化了文化的延续与

---

① 王利春，蒋东升，贾建峰，等. 民族传统体育学科发展探讨［J］. 体育文化导刊，2015（6）：34-36.

② 熊志冲. 传统体育与传统文化［J］. 体育文史，1989（5）：4-9.

③ 倪依克. 论中华民族传统体育的发展［J］. 体育科学，2004（11）：54-61.

④ 陈国瑞，黄力生. 中华民族传统体育现状及走向世界的对策［J］. 武汉体育学院学报，2000（1）：22-26.

⑤ 宋智梁，张良祥，谷文双. 我国民族传统体育旅游发展研究［J］. 湖北民族学院学报（哲学社会科学版），2016，34（4）：61-64，155.

⑥ 马彩兰. 浅析我国民族传统节庆体育旅游产业发展方式［J］. 产业创新研究，2020（20）：80-81.

⑦ 苏建波. 我国民族传统体育与体育旅游的经济发展研究［J］. 中国商贸，2012（10）：200-201.

弘扬，促进了民族之间的和谐共融，进一步增强了民族自豪感与集体凝聚力。① 从地方经济的层面看，民族传统体育旅游产业的兴盛有助于构建体现地域特性的文化名片，同时对民族文化传统的继承与创新起到关键作用。②

（三）广西民族传统体育旅游的研究

广西少数民族传统体育具有深厚的文化底蕴和独特的地方特色，对广西民族传统体育旅游的发展研究逐渐成为学术研究和产业发展的重要领域。有学者通过 SWOT 分析法对广西百色民族传统体育旅游产业进行了全面的剖析，并提出了相应的发展策略。分析认为该产业拥有丰富的文化资源和生态环境优势，但同时也存在如基础设施落后、产业融合度不高等劣势。③ 广西少数民族传统体育旅游具有潜在的吸引力，却面临着资源整合不足、市场开发水平低和保护意识薄弱等问题。④ 广西"三月三"文化积淀深厚、地区特色鲜明，存在创造经济效益的可能性。⑤

综观上述学者的研究，广西民族传统体育在推动本地文化传承、民族传统体育相关产业的发展，尤其是民族传统体育旅游在促进区域经济发展等方面具有不可估量的价值，以上研究为本课题掌握广西民族传统体育的情况奠定了坚实的基础。

四、关于体育与文化旅游产业融合的相关研究

（一）国外体育与文化旅游产业融合的研究

国外学者对体育与文化旅游的研究，主要聚焦于两个核心方向。首先，他们深入探讨了在不同国家地域背景下，体育与文化旅游产业如何实现有效

---

① 王晓瑭，安利萍．民族传统体育旅游的发展路径解析［J］．体育风尚，2019（7）：72.

② 王蕊．民族传统体育旅游的发展路径解析［J］．体育成人教育学刊，2018，34（5）：81-83.

③ 王秀美，姚绩伟，邓淇元．广西百色民族传统体育旅游产业发展的 SWOT 分析及策略研究［J］．当代体育科技，2021，11（24）：9-11，15.

④ 翁林．广西少数民族传统体育旅游发展现状与对策研究［J］．经济与社会发展，2007（12）：94-97.

⑤ 安彦伟，尹继林．广西世居民族"三月三"传统体育的发展研究［J］．贵州民族研究，2017，38（7）：138-141.

融合。其次，他们也从多个学科的角度出发，对体育与文化旅游产业的融合现象进行了系统的研究与分析。

国外学者对不同国家体育与文化旅游产业融合的情况进行了研究。英国体育与旅游融合的影响因素包括意识形态、定义、区域背景、政府政策、组织文化和结构六种。① 体育旅游与当地工艺品有重要的协同作用，有助于保护文化遗产，为旅游的多样化选择做出贡献。意大利和国外的一些地区通过高尔夫球场、马术小径和海岸公园或游船码头等体育主题公园的建设，与当地环境的典型内生资源协同作用。② 土耳其体育和旅游包含了相互补充、互惠互利的元素，并强调游客参观古代遗留下来的体育博物馆、具有传统和历史价值的事件和节日也属于体育旅游。土耳其的安塔利亚和伊斯坦布尔占土耳其旅游市场70%的份额，安塔利亚作为土耳其重要旅游目的地，是以高尔夫旅游为主的资源融合模式。③ 美国得克萨斯州斯托克顿堡农村社区的体育和文化活动的融合，具有天然的共生关系，共享相同的目标、资源和市场，可以有效整合经济、体育、旅游，并促进体育和文化活动之间的协同作用。④ 日本将体育和非体育活动的体育文化整合、补充到旅游活动中，在观众型赛事、参与型赛事、活跃体育、遗产体育四类旅游景点内相互作用，也在非体育旅游景点之间相互作用。⑤ 菲律宾吉马拉斯的游客在特定时间范围内分享兴趣和活动，无意间推广了文体旅的成果，有效促进体育实践的动机成为发展健康生

① WEED M. Why the Two Won't Tango！Explaining the Lack of Integrated Policies for Sport and Tourism in the UK［J］. Journal of Sport Management，2003，17（3）：258-283.

② RADICCHI E. Tourism and Sport：Strategic Synergies to Enhance the Sustainable Development of a Local Context［J］. Physical Culture and Sport. Studies and Research，2013，57（1）：44-57.

③ SÜRME M，TEMIZEL M，ASLAN R. A Conceptual Study on The Social，Economic and Cultural Development of Sports Tourism［J］. Journal of Economics and Business Issues，2022，2（1）：23-32.

④ ZIAKAS V，COSTA C A. The Use of an Event Portfolio in Regional Community and Tourism Development：Creating Synergy Between Sport and Cultural Events［J］. Journal of Sport & Tourism，2011，16（2）：149-175.

⑤ ITO E，HIGHAM J. Supplemental Tourism Activities：A Conceptual Framework to Maximise Sport Tourism Benefits and Opportunities［J］. Journal of Sport & Tourism，2020，24（4）：269-284.

活方式，意味着体育与对当地经济的影响相结合是一种双赢的关系，为体育旅游推广提供产品和服务。① 伊朗拉扎维呼罗珊省的体育旅游以宗教旅游景点、温泉自然景点和水上运动景点为吸引力，受到伊朗马什哈德的宗教文化的影响，该地运用营销策略增强伊朗文化遗产和旅游组织之间的协调和互动，同时建立体育旅游专业课程，从而壮大体育赛事活动的组织。② 雅典的体育和文化旅游部门之间具有协同效应，雅典应该利用其奥运遗产和丰富的遗产资产，实施协同交叉利用战略，优化与体育相关、与文化相关的旅游效益，从而丰富城市的旅游产品。制定体育和文化旅游的综合联合营销战略，旅游规划应建立与奥运资产和设施相关联的体育和文化项目活动，将后奥运旅游嵌入奥运城市可持续发展议程中，并在体育和文化旅游等不同形式的旅游之间创造交叉利用的协同效应。③

　　国外学者从不同的学科角度，运用不同的研究方法对体育与文化旅游的融合情况、融合关系、融合形式等内容进行研究。有学者从体育旅游、文化旅游和文化遗产学等科学的角度，研究当代文化遗产、体育和旅游之间的相关性。体育在旅游领域发挥着重要的社会文化作用，被称为体育的旅游化或旅游的体育化。体育旅行包括以体育为基础的文化旅行，使人们能够了解体育的物质和非物质遗产，体育旅游被认为是一种特殊的文化旅游形式。国际足球锦标赛、遗产体育赛事、文化体育旅游和传统体育相关的体育旅游都是了解体育文化遗产最激烈和彻底的方式。④ 有学者建立体育旅游立方体，区分和整合体育旅游和赛事旅游。基于体育旅游立方体，将体育旅游嵌入立方体，

① PERNA F, CUSTÓDIO M J, OLIVEIRA V. Local Communities and Sport Activities Expenditures and Image：Residents Role in Sustainable Tourism and Recreation ［J］. European Journal of Tourism, Hospitality and Recreation, 2019, 9 (1)：49-59.

② SAFDEL H, YEKTAYAR M, MOHAMMADI S, et al. Effective Factors on Sports Tourism：Emphasizing Development in Sports Natural Attractions ［J］. Annals of Applied Sport Science, 2014, 2 (4)：67-74.

③ ZIAKAS V, BOUKAS N. Post-Event Leverage and Olympic Legacy：a Strategic Framework for the Development of Sport and Cultural Tourism in Post-Olympic Athens ［J］. Athens Journal of Sports, 2014, 1 (2)：87-101.

④ MALCHROWICZ-MOSKO E, MUNSTERS W. Sport tourism：A Growth Market Considered From a Cultural Perspective ［J］. Ido Movement for Culture. Journal of Martial Arts Anthropology, 2018, 18 (4)：25-38.

为体育旅游研究奠定了坚实的基础，从而得出一些管理结论和启示。① 有学者通过整合休闲和旅游活动的视角，提出利用旅游资源将体育与流行文化和电影、音乐等特定形式的旅游活动融合，促进文化交流和体育的发展，吸引粉丝去参加主题活动，接近他们所崇拜的名人，促使主办地或活动成为著名的旅游目的地。② 短期游学则是一种以团体为基础的体育旅游形式，是一种常用的方法，其本身可以作为一个宝贵的学习机会，旅途中体育会议、参加比赛以及寄宿于当地家庭等活动可以接触到国外文化的核心。③

（二）国内关于体育与文化旅游产业融合的研究

1. 体育与文化旅游产业融合理论的研究

我国学者运用不同的理论对体育与文化旅游产业的融合进行了研究，其中运用最多的理论有灰色理论、系统学理论、产业融合理论、文化资本理论等。有学者运用灰色理论研究文化产业融合的机理，发现体育产业、旅游业和制造业与文化产业的关联性较强。④ 有学者运用系统学理论剖析民族传统体育文化与旅游产业的融合发展过程，推力系统、拉力系统、支持系统和中介系统构成动力系统，四个子系统之间相互联系、相互作用，形成了传统体育文化与旅游产业融合的驱动机制。⑤ 有学者在产业融合的理论框架下构建产业融合发展度评估模型，旨在系统分析文化、体育与旅游三大产业之间的内在关联及整体发展水平，从而解决文体旅产业融合水平测度的实践问题。⑥ 有学者从文化资本理论角度出发，构建体育旅游产业结构的理论框架，提出政府、

① SCHLEMMER P，BARTH M，SCHNITZER M. Research Note Sport Tourism Versus Event Tourism：Considerations On a Necessary Distinction and Integration［J］. Journal of Convention & Event Tourism，2020，21（2）：91-99.

② ZIAKAS V，TZANELLI R，LUNDBERG C. Interscopic Fan Travelscape：Hybridizing Tourism Through Sport and Art［J］. Tourist Studies，2022，22（3）：290-307.

③ FAIRLEY S，TYLER B D. Cultural Learning Through a Sport Tourism Experience：The Role of the Group［J］. Journal of Sport & Tourism，2009，14（4）：273-292.

④ 周锦，邱红. 基于灰色理论的我国文化产业融合发展研究［J］. 阅江学刊，2015，7（05）：72-79.

⑤ 陈炜. 民族地区传统体育文化与旅游产业融合发展的驱动机制研究［J］. 广西社会科学，2015（8）：194-198.

⑥ 陈世香，宋广强. 山地省域文体旅产业融合发展测度与分析：以贵州为例［J］. 贵州社会科学，2022（3）：134-142.

企业和社会组织在数字化转型中扮演关键的主体角色，数字技术的广泛应用促使了体育旅游产业结构的创新和转型。①

2. 体育与文化旅游产业融合机制的研究

我国学者在体育与文化旅游产业融合机制的研究包括了产业融合的动力机制、融合机制、作用机制等。在新时代背景下，我国文旅产业融合发展的互动机制，其核心是形成涵盖资源共享机制、内容技术机制、业态聚集机制及多元协同机制。这些机制间的相互作用与协同，旨在推动分散产业的整合与转型，进而形成具有创新力和竞争力的新兴产业。② 而影响文体旅融合的内在因素和外在因素具体表现为资源共享机制、要素渗透机制、业态耦合机制、市场叠加机制、规制创新机制五大作用机制③，体育产业、文化产业、旅游产业融合市场的发展受到多重动力机制的推动。在外部动力机制方面，市场需求动力、政府政策动力和技术革新动力是主要的驱动力。而在内部动力机制方面，减少对环境的依赖和追求竞争优势的动力则构成了关键要素。④ 但冰雪文化、冰雪体育与冰雪旅游三产业的融合机制，主要基于彼此间的相互促进、相互支持及共同发展，其核心在于产业间的互补与互促，即这三个产业在资源、产品、市场和技术等多个维度上实现相互补充与促进，进而形成协同发展的良好态势。⑤ 而从粤港澳大湾区体旅文商融合发展的要素耦合机制来看，产业融合不同于简单的产业叠加，它是多个产业相互渗透、相互耦合而形成的一种新型产业业态系统。⑥

3. 体育与文化旅游产业融合模式的研究

我国学者从不同的理论角度、不同的发展背景对体育与文化旅游产业融

① 朱邱晗，方宁. 数字要素驱动体育旅游产业结构升级：基于文化资本理论视角 [J]. 体育科技文献通报，2023，31（11）：170-173.

② 潘怡，曹胡丹，封慧. 新时代我国体文旅产业融合发展：逻辑、模式、问题与路径 [J]. 山东体育学院学报，2024，40（1）：70-79.

③ 尹宏，王苹. 文化、体育、旅游产业融合：理论、经验和路径 [J]. 党政研究，2019（2）：120-128.

④ 金媛媛，李骁天，李凯娜. 基于企业成长视角的体育产业、文化产业与旅游产业融合机制的研究 [J]. 首都体育学院学报，2016，28（6）：488-492.

⑤ 王恒，宿伟玲. 冰雪文化体育旅游融合发展机制、模式及路径 [J]. 社会科学家，2024（1）：87-95.

⑥ 毛秀磊，李天培. 粤港澳大湾区体旅文商融合推动体育业高质量发展的机制与路径 [J]. 社会科学家，2023（8）：58-63.

合的模式进行研究。有学者从产业融合理论角度研究北京市冰雪运动产业与文化旅游产业融合发展的模式，包括延伸式、渗透式以及重组式三种融合发展模式。① 在新时代背景下，我国体文旅产业的融合发展呈现出多种模式，主要包括交叉渗透、互动延伸与分解重组。这些模式共同推动了体育消费的持续增长，有效助力了产业升级，并成功塑造了新兴的产业形态。其中，文体旅产业的交叉渗透模式并非简单的拼接或叠加，而是在资源、内容、技术、业态等多个维度上实现了深度的整体融合，为产业的协同发展奠定了坚实基础。② 新型城镇化建设背景下体育与旅游产业深度融合包含资源融合、技术融合、产品融合以及市场融合等融合模式。资源融合是基础保障，技术融合与产品融合是促进体育与旅游产业深度融合的动能，市场融合是反映体育与旅游产业深度融合的最终表现。在三种模式的共同作用下，积极促进体育产业与旅游产业的交叉融合，使两大产业在重叠领域实现深度结合。这一进程将不断模糊两大产业的边界，形成更为紧密的产业发展格局。③ 江西民族传统体育文化和旅游文化产业通过技术融合、产品融合、市场融合三种模式实现融合。④ 桂滇黔少数民族传统体育文化的产业融合模式有渗透型、交叉型、重组型和延伸型四种。⑤ 从不同区域存在的资源及环境差异性上看，民族传统体育文化与旅游产业融合发展模式包括中心模式、嵌入模式、园区模式三种。⑥ 体育旅游产业与文化创意产业的融合发展，展现出多种具有独特性的模式，具体包括体育主题游、休闲养生健康游、体育节庆游、体育内涵创意游以及体

① 吕宁，黄迪，王欣，等．北京市冰雪运动产业与文化旅游产业融合发展动力机制与模式［J］．中国生态旅游，2021，11（6）：846-857.

② 潘怡，曹胡丹，封慧．新时代我国体文旅产业融合发展：逻辑、模式、问题与路径［J］．山东体育学院学报，2024，40（1）：70-79.

③ 马越斐，李海．新型城镇化建设赋能体育与旅游产业深度融合的理论逻辑与推进策略［J］．沈阳体育学院学报，2022，41（6）：109-115.

④ 徐友坤，曹世红．民族传统体育文化与江西旅游产业发展融合研究［J］．南昌航空大学学报（社会科学版），2018，20（4）：115-120.

⑤ 陈炜．民族地区传统体育文化与旅游产业融合发展的驱动机制研究［J］．广西社会科学，2015（8）：194-198.

⑥ 夏兰，王娟，刘斌．民族传统体育文化与旅游产业融合发展研究：机制、模式与对策［J］．广东开放大学学报，2016，25（5）：86-90.

育休闲观光游五种。①

4. 体育与文化旅游产业融合发展路径的研究

在体育与旅游产业的融合发展过程中，所遇到的障碍主要源于政府与企业的层面。针对政府层面，其应积极发挥引导作用，促进产业的健康发展，并同时加强规范治理，确保市场的有序进行。而在企业层面，则应当积极实现战略创新和管理创新，以适应市场的变化，提升企业的竞争力，从而推动体育与旅游产业的深度融合发展。② 推动文体旅产业融合的四个路径，主要有"以赛事资源发展体育旅游""以产品创新升级文化旅游""以业态融合融通文化与体育""以产业生态促进文体旅融合"③。有学者根据新时代背景下政府宏观调控的作用，建议创造产业融合发展的"三驱动"平台；掌握大众的锻炼需求，打造产业融合发展的"蓝海"；探索产业融合发展的多种渠道，开创多元发展的新格局。④ 政府层面的宏观调控和企业层面的积极开发，将民族传统体育与旅游产业有机融合，稳步推进川西北民族传统体育与体育旅游产业融合的可持续发展。⑤ 在"一带一路"倡议背景下，有学者提出航海文化与体育产业的融合路径：首先，应以先进的体制机制观念创新为核心，引领航海文化与体育产业的深度融合。其次，应基于科学的市场导向，为两大产业的融合创造优质的市场环境。再次，通过资源整合，实现航海文化与体育产业的深度融合发展，同时积极打造平台，构建两大产业融合发展的公共服务系统。此外，还需提升企业实力，推动航海文化与体育产业国际化进程。最后，以创造多元化的文化创意旅游为载体，形成两大产业的联动效应。⑥ 有

① 方永恒，周家羽. 体育旅游产业与文化创意产业融合发展模式研究 [J]. 体育文化导刊，2018（2）：93-98.
② 刘晓明. 产业融合视域下我国体育旅游产业的发展研究 [J]. 经济地理，2014，34（5）：187-192.
③ 尹宏，王苹. 文化、体育、旅游产业融合：理论、经验和路径 [J]. 党政研究，2019（2）：120-128.
④ 闫慧，李爱菊. 新时代民族传统体育产业融合发展研究 [J]. 体育文化导刊，2020（3）：13-18.
⑤ 卢永雪，龙正印. 后疫情时代川西北民族传统体育与旅游产业融合发展路径研究 [J]. 当代体育科技，2021，11（16）：187-189.
⑥ 戚俊娣，贾连堃. "一带一路"背景下航海文化与蓝色体育产业融合发展路径研究 [J]. 东岳论丛，2016，37（8）：188-192.

学者提出成都文体旅产业融合路径包括"注重规制创新，优化融合制度安排；注重资源耦合，强化体育 IP 延伸；提升体育场馆旅游功能；注重资产通用，复合场馆设施功能；注重市场共享，强化重大活动统筹等"①。有学者针对民族传统体育与文化旅游产业融合提出"加强传统文化的传承与保护，走可持续发展道路；依靠科技增强民族传统体育的创意发展，紧抓游客需求；加强政府职能，优化融合发展机制；加大资金投入，完善基础设施建设等路径"②。

综上所述，国内外学者对体育与文化旅游产业的研究较丰富，主要从不同的研究背景、不同的学科、不同的地域、不同的体育类型进行了融合机制、融合模式、融合路径与融合问题等方面的研究，其研究成果为本研究提供了理论支撑。但在研究方法上，学者们多是以质性的理论现状研究为主，在较少量化研究中也多是以赫芬达尔系数法、相关系数法、熵指数法、灰色关联分析法等对其融合的关联性进行研究。本研究以产业融合理论为基石，对民族传统体育与文化旅游产业的融合机理进行深入剖析，采用层次分析法及模糊综合评价法，科学构建和评价广西地区民族传统体育与文化旅游产业的融合指标。基于实证案例分析，本研究探讨广西民族传统体育与文化旅游产业在融合发展过程中所面临的问题，进而提出具有针对性的发展路径，旨在为推动广西民族传统体育与文化旅游产业的高质量融合发展奠定坚实基础，并为推动大健康产业的升级提供思路。

第五节　相关概念的界定和理论基础

一、相关概念的界定

（一）大健康产业

国外并没有"大健康产业"这一概念，"大健康产业"这一名词具有中

---

① 尹宏，眭海霞. 文化体育旅游产业融合的城市路径：以成都为例 [J]. 开放导报，2020（3）：93-100.

② 张祝平，曾迎霄. 民族传统体育与文化旅游产业融合发展存在的主要问题与路径建议 [J]. 河南农业，2021（15）：50-52.

国特色，和大健康产业类似的概念是国外的健康产业。国外学者对健康产业概念的研究主要与医疗相关，大部分关于健康产业的研究是指涉及医疗、保健和健康领域的一系列经济活动和产业。我国学者关于大健康产业概念的研究主要从社会学、经济学、产业链、产业融合等角度进行界定。从社会学的角度分析大健康产业，有学者指出，大健康产业是"以优美生态环境为基础，以健康产品制造业为支撑，以健康服务业为核心，通过产业融合发展满足社会健康需求的全产业链动"①。从产业链结构的维度分析，大健康产业构建了一个综合性的产业链体系，这一体系涵盖了从健康维护、疾病诊疗到医疗康复与健康提升等多方面，全面服务于人类生命的各个阶段。②

国内外专家学者对大健康产业的概念并没有形成一个统一的共识，其研究从不同的角度和学科对大健康产业进行了概念的界定，不同学科角度下的大健康产业的特点与分类也各有不同。根据学者们的研究，本书基于体育学科，从文化旅游产业融合的角度对大健康产业进行定义：大健康产业是围绕人们的健康需求形成的以健康为主要内容的功能丰富且相互关联的健康服务评价、健康预防以及休闲健身、健康旅游、健康养老等健康服务产业的集群。

（二）民族传统体育

民族传统体育是指在各民族社会历史发展过程中形成的，具有浓厚民族文化特色、民族风情和地域特点的体育活动。这些活动不仅包括各种形式的体能竞技活动，还包括与宗教、仪式、节日等相关的体育活动。本书依据王利春等学者③对概念的明确界定，将民族传统体育定义为以人体运动为基石，旨在促进人的身心健康发展，进而达到发展身体机能、丰富文化生活以及传承民族文化等多重目标的社会文化活动的总称。

（三）文化旅游产业

文化旅游产业严格上来说本就是两个关联产业，国内外对相关的分类研

---

① 张车伟，赵文，程杰. 中国大健康产业：属性、范围与规模测算 [J]. 中国人口科学，2018（5）：17-29，126.

② 杨雪桐，李雪. 我国医疗器械行业发展概况及发展趋势浅析 [J]. 中国设备工程，2021（18）：114-115.

③ 王利春，蒋东升，贾建峰，等. 民族传统体育学科发展探讨 [J]. 体育文化导刊，2015（6）：34-36.

究中把旅游产业归纳为文化产业，但旅游业与其他的影视文化、文化艺术、新闻、会展等活动不同。因此，文化旅游业是相互关联、相互影响、相互作用的。随着人们对旅游业需求的不断更新，单一的观赏风景式旅游与人们对健康和文化的体验式旅游形成矛盾，所以，旅游产业的发展逐渐和文化产业相融合已成为趋势，部分学者也将文化旅游作为一个产业进行研究。因此，本书将文化旅游作为一个产业体系进行研究。本书基于对文化旅游产业概念的梳理，认为文化旅游产业是以旅游经营者创造的观赏对象和休闲娱乐方式为消费内容，使旅游者获得富有文化内涵和深度参与旅游体验的旅游活动的集合。

（四）运动休闲特色小镇

2016 年 10 月，国家发展和改革委员会颁布了《关于加快美丽特色小（城）镇建设的指导意见》，对"特色小镇"这一概念进行了精确的阐释，指出其是以特色产业和新兴产业为主导，集结各类发展要素，与行政建制镇和产业园区有显著差异的创新创业平台。[①] 2017 年 12 月，四部委联合下发了《关于规范推动特色小镇与特色小城镇建设的若干意见》，进一步明确了"特色小镇"的定义。该文件明确指出，特色小镇是在数平方千米的特定区域内，集中布局某一特色产业，与行政建制镇和工业区形成区别，同时融合特色产业、生活空间和生态空间的创新创业平台。[②]

运动休闲特色小镇为近年来新兴之概念，其根源可追溯至"特色小镇"之理念。2017 年 5 月，国家体育总局发布《关于推动运动休闲特色小镇建设工作的通知》，明确界定："运动休闲特色小镇"是指在全面建成小康社会进程中，以推动新型城镇化建设及助力脱贫攻坚工作为宗旨，围绕运动休闲之主题，塑造具备独特体育文化内涵、坚实体育产业基础，并融合多种功能于一体的特定空间区域。展望未来十年，国家体育总局将系统规划并推动一批特色鲜明、体育元素丰富、体育文化深厚、产业集聚力强大的运动休闲特色

---

① 国家发展改革委. 关于加快美丽特色小（城）镇建设的指导意见 [EB/OL]. 国家发展和改革委员会官网，2016-10-08.

② 国家发展改革委，国土资源部，环境保护部，等. 关于规范推进特色小镇和特色小城镇建设的若干意见 [EB/OL]. 中国政府网，2017-12-06.

小镇之建设与发展。除官方定义外，亦有学者提出相应解读，例如，张雷认为，运动休闲特色小镇以运动休闲产业为核心特色产业，通过集中产业发展要素、创新产业发展模式，并与旅游、健康、文化、养老、教育培训、大数据等关联产业深度融合，共同构建的空间区域。其不仅是全民健身的发展平台，更是体育产业基地的重要载体。①

基于上述研究成果，并综合考虑本书的研究内容，本书初步界定运动休闲特色小镇是集休闲功能、康养功能和经济功能于一体的综合性发展平台与体育产业基地，是体育事业和体育产业发展的最优聚集体。

（五）层次分析法

层次分析法（Analytic Hierarchy Process，AHP）是一种决策方法，它将与决策相关的元素划分为目标、准则、方案等多个层次，结合定性与定量分析，以辅助决策过程。此方法首先将决策问题依照总目标、各层子目标、评价准则以及具体实施方案的顺序，构建为层次分明的结构。其次，利用求解判断矩阵特征向量的技术，确定每一层次元素相对于其上层元素的优先权重。最后，通过逐层加权汇总的方式，计算各备选方案对总目标的最终权重，其中权重最大者即为推荐的最优方案。

层次分析法尤其适用于具有分层交错评价指标的目标系统，特别是当目标值难以直接定量描述时。该方法基于问题的特性和目标，将问题分解为多个组成因素，并根据因素间的相互关联和隶属关系，将这些因素按不同层级进行组合，构建一个多层次的分析结构模型。通过此模型，问题最终转化为确定最低层（决策方案、措施等）相对于最高层（总目标）的相对重要权值或相对优劣次序。层次分析法把研究对象作为一个系统，按照分解、比较判断、综合的思维方式进行决策，成为继机理分析、统计分析之后发展起来的系统分析的重要工具。系统的思想在于不割断各个因素对结果的影响，而层次分析法中每一层的权重设置最后都会直接或间接影响到结果，而且在每个层次中的每个因素对结果的影响程度都是量化的，非常清晰明确。这种方法尤其可用于对无结构特性的系统评价以及多目标、多准则、多时期等系统

---

① 张雷. 运动休闲特色小镇：概念、类型与发展路径［J］. 体育科学，2018，38（1）：18-26，41.

评价。

该方法既不过多地依靠复杂数学原理，也不单方面强调行为、逻辑和推理的片面性，而是巧妙地融合了定性与定量分析方法，实现了对复杂系统的有效解构。它能够将人类的思维过程进行数学化和系统化的表达，从而使其更易于被接受和理解。在面临多目标、多准则且难以完全量化处理的决策问题时，该方法能将其转化为多层次单目标问题，通过两两比较确定同一层次元素与上一层次元素的数量关系，并最终通过简洁的数学运算得出结果。此方法计算简便，结果明确且易于理解，为决策者提供了直观且有效的参考。本书聚焦于民族传统体育与文化旅游产业的融合系统，深入分析了各因素权重，对于理解并推动两者融合发展的具体问题具有关键作用。

（六）模糊综合评价法

模糊数学的综合评价方法，是基于隶属度理论，旨在将传统定性评价转化为定量评价的一种科学方法。它运用模糊数学的原理，对受到多种复杂因素影响的事物或对象进行全面而系统的总体评价。该方法以其结果清晰、系统性强的特点，在解决模糊、难以量化的问题上展现出显著优势，尤其适用于各类非确定性问题的处理。模糊综合评价法的核心特点在于以最优评价因素值为基准，赋予其评价值为 1；而对于其他非最优评价因素，则根据其相对于最优状态的偏离程度，赋予相应的评价值。这一方法深深植根于模糊数学的理论体系之中。模糊数学作为这一评价方法的理论基石，诞生于 1965 年，由美国自动控制专家扎德（L. Zadeh）所创立。而模糊综合评价法作为模糊数学中的一项基本数学方法，通过隶属度这一核心概念，精确地描述了模糊界限，为复杂问题的评价提供了有力的数学工具。

鉴于影响因素的模糊性或不确定性，以及定性指标难以量化的挑战，人们难以用绝对的"非此即彼"方式精确描述客观现实，而更多地面临"亦此亦彼"的模糊现象。此类描述通常依赖于自然语言，其本质特征即为模糊性，且此模糊性难以通过经典数学模型进行统一量化。因此，我们采用基于模糊集合的模糊综合评判方法，该方法从多个指标出发，对被评价事物的隶属等级进行综合性评判。该方法通过对被评判事物变化区间的划分，既考虑了对象的层次性，体现了评价标准及影响因素的模糊性，又充分融合了人的经验，使评价结果更加客观，贴近实际情况。模糊综合评判法有效结合了定性与定量因素，增大了信息量，提高了评价效率，并确保了评价结论的可靠性。尽管传统的综合评价方法众多且应用广泛，但没有一种方法能适用于所有场合，解决所有问题。每种方法都有其特定的侧重点和主要应用领域。面对新领域内的新问题，模糊综合法显然是一种更为适宜的选择。

民族传统体育与文化旅游产业的融合涉及资源、市场、功能和技术方面的融合，其融合内容复杂性较高，难以单纯地用定性或定量的方法去衡量。目前国内外有关产业融合度研究常见的主要测度方法有赫芬达尔系数法、相关系数法、熵指数法、轨迹模拟方法、灰色关联分析法、贡献度测量法、投入产出法和 AHP-模糊综合评价法等方法。有学者等运用 AHP-模糊综合评价法对体育与旅游产业融合度进行研究[1]，也有学者运用 AHP-模糊综合评价法对旅游产业融合度进行研究[2]。基于对上述研究方法的分析以及本书的研究目的，经过专家访谈，本书运用 AHP-模糊综合评价法对广西民族传统体育与文化旅游产业融合指标进行建构与评价。

二、理论基础

（一）产业融合思想

历史上有很多经济思想家和理论家提出过关于产业融合的观点和思想，其中具有代表性的是马克思分工思想和马歇尔产业融合思想。马克思分工思想来源于实践，在批判前人的分工理论的基础上形成了从分工的自然发生到消灭，从异化到世界历史、再到共产主义的思想生成与嬗变的过程，提出了大工业在它的资本主义形式上，还会生产出旧的分工及其固定化的专业等。马歇尔产业融合思想认为组织是一种生产要素，通过改进组织以获得报酬递增，可以通过外部经济与内部经济两种途径实现。从马克思分工思想和马歇尔产业融合思想的观点中可以看出，产业融合是分工发展到一定程度之后的

---

① 栾永鑫，王淑沛，伊超，等. 基于 AHP-模糊综合评价的山东省体育与旅游产业融合度测评研究 [J]. 四川体育科学，2022，41 (2)：91-97.

② 严伟. 演化经济学视角下的旅游产业融合机理研究 [J]. 社会科学家，2014 (10)：97-101.

结合，同时不同分工层次具有不同的专业化要求。因此，没有发达的产业分工，就没有高度的产业融合。广西民族传统体育与文化旅游产业融合既从属于第一、二、三产业范畴的不同分工层次，又符合不同的专业化要求，在思想上符合产业融合的逻辑。

马克思主义产业融合理论是在柏拉图和色诺芬的分工思想的基础上，融入了政治经济学分工思想和近代社会主义分工思想后形成分工理论。马克思认为社会分工是生产力发展到一定阶段的必然产物。马克思社会分工理论强调了社会分工是在生产力发展过程中必然产生的，社会分工解释的是自觉的协作问题。广西民族传统体育与文化旅游产业的融合是文化旅游产业为了满足人们身体健康、休闲娱乐，从观光型文化旅游模式向体验型文化旅游转变，符合社会分工理论演变的产业融合发展的必然过程。通过产业融合可以创造出民族传统体育与文化旅游产业之间特有的发展模式，节约了开发成本和建设投入，将单倍资源发挥双倍效果，形成新的行业发展推动力。

（二）产业融合理论

产业融合理论最早由美国学者罗森伯格（N. Rosenberg）提出，他在研究美国机器工具产业演化的过程中发现了技术融合，认为技术可以使产业边界模糊或重新定义。① 1978 年，尼葛洛庞帝（Nicholas Negroponte）用图例演示了计算机、印刷、广播业三者技术融合的模型，系统化地提出了产业融合理论。② 1983 年，普尔（Ithiel de Sola Pool）在《自由的技术》中提出了"媒介融合"的概念，他认为技术的发展有利于突破传统行业间的壁垒。产业融合是一种动态发展过程，其核心特征体现在不同产业间的相互影响、渗透与交叉，进而逐步走向一体化，形成全新的产业形态。这一过程的实现形式多种多样，主要涵盖技术渗透、产业间的交叉延伸融合以及产业内部的重组融合。技术渗透主要指的是新兴技术被广泛应用于传统产业，通过提升生产效率、推动产业结构的调整与转型升级，并在此基础上催生新型的产业形态。产业

---

① ROSENBERG N. Technological Change in the Machine Tool Industry: 1840—1910 [J]. The Journal of Economic History, 1963, 23 (4): 414-443.

② ASHKENAS R. Creating the boundaryless organization [J]. Business Horizon, 1999, 42 (5): 5-10.

间的交叉延伸融合则侧重于打破原有产业界限，使不同产业间的功能和组织结构出现延伸或重组，实现生产活动上的优势互补和相互作用。通过这一过程，产业之间的市场和业务得以深度融合，形成全新的产业体系，进一步提升原有产业的附加值。产业内部重组融合则聚焦于同类产业内的不同行业之间，通过产业链的重组与组合，提高资源的利用效率，进而形成新的产业链、价值链以及新的业态。这一过程有助于推动产业内部的优化升级，增强产业的整体竞争力。

产业融合发展对于资源要素的优化配置、生产方式的革新、创新型产业的推动、市场竞争力的增强以及供给侧结构性改革与区域经济一体化的推动，具有显著的积极作用。在当前科技、经济与社会高速发展的背景下，产业融合有助于克服产业资源利用效率低下、产业创新与协调能力欠缺等挑战，促进新产业、新业态与新模式的涌现，这符合经济与市场发展的客观规律。同时，鉴于民族传统体育与文化旅游产业之间存在紧密的关联，其融合发展对两者的未来均具有重大的战略意义。因此，本书以产业融合理论为核心理论基石进行了深入探讨。

第六节 研究方法

一、文献资料法

通过中国知网、谷歌学术、Library Genesis、National Academies Press、中国国家图书馆等数据库以"民族传统体育""文化旅游""产业融合""AHP-模糊综合评价法""national traditional sports""cultural tourism industry""industrial convergence"等为关键词进行资料搜集和整理，总结相关概念与理论基础，这些研究为本书提供理论依据。此外，中华人民共和国文化和旅游部、2021 年广西统计年鉴、广西文化和旅游厅等网站的数据资料，为本书提供数据支撑。

二、访谈法

研究主要采用专家访谈法与半结构化访谈法进行访谈。

（一）专家访谈法

通过与学术及相关专家教授进行专家访谈，围绕产业融合理论、民族传统体育与文化旅游融合现状与不足、研究的可行性与必要性以及研究思路等方面进行探讨，并根据与专家访谈后得到的建议对研究进行改进，形成研究思路。

（二）半结构化访谈法

采用半结构化的访谈方法对罗城县、南丹县、南宁市文化广电和旅游局、自治区体育局、相关景区或活动等相关工作与管理人员，针对民族传统体育保护与开展情况、旅游景区建设及旅游活动开展情况、少数民族节庆活动品牌建立与文化旅游节开发情况进行面对面的访谈，通过录音与笔录的方式收集访谈内容。以上访谈内容为本研究提供相关的指导。

三、实地考察法

受疫情影响，调研小组调整了调研时间，分别在 2021 年 11 月 4 日—11 月 15 日、2022 年 3 月 5 日—3 月 15 日、2022 年 4 月 10 日—4 月 15 日、2022 年 6 月 13 日—6 月 19 日、2022 年 9 月 30 日—10 月 8 日期间前往河池市南丹县、罗城仫佬族自治县、南宁市等进行实地调研。调研期间，走访了南丹歌娅思谷运动休闲小镇，罗城县主要景区即棉花天坑景区、石围古村景区、米椎林景区，南宁"三月三"民族节庆活动地等，对民族传统体育发展情况、文化旅游景区运营情况、体育文化旅游活动开展情况进行实地考察，并亲身感受与体会民族传统节庆与体育项目。进行实地考察期间，主要对开展民族传统体育活动较多、最具仫佬族旅游特色的依饭节文化节、南宁"三月三"节庆活动、歌娅思谷运动休闲小镇的活动等进行考察，调查民族传统体育与文化旅游融合发展现状及不足。另外，调研小组根据实际情况不定期地前往各地，了解舞草龙、抢花炮、抢粽粑等民族传统体育与文化旅游融合的开展情况，对文化旅游和体育局负责人、地方少数民族工作管理部门及村民游客等进行深刻交流。

四、AHP-模糊综合评价法

采用层次分析法构建广西民族传统体育与文化旅游产业融合度层次评价指标，采用模糊综合评价方法进行融合度评价，运用定性和定量的研究方法评价广西民族传统体育与文化旅游产业融合情况。

五、问卷调查法

针对大健康产业背景下民族传统体育与文化旅游产业的指标构建、权重赋值、评价等级等内容进行问卷调查，具体的问卷发放情况在相关的内容中进行分析。

第七节　研究不足

本研究虽然取得了阶段性的研究成果，但仍存在部分问题。首先，调研期正处于新冠疫情时期，为深入广西民族传统体育开展地区进行实地调查带来了阻碍，调查范围不够广泛，调查内容不够深入，收集的材料缺乏普遍性。

其次，关于大健康产业背景下广西民族传统体育与文化旅游产业融合发展研究文献资料较少、深度不足，可供本研究参考的量化分析的研究内容有限。

最后，关于广西民族传统体育与文化旅游产业融合的研究，需要对广西各地区的民族传统体育资源与文化旅游产业资源进行调查和整理，课题组成员需要进行大量的实践工作，但由于可用经费有限，主要以民族传统体育与文化旅游产业融合较好的河池市南丹县、罗城仫佬族自治县、南宁市为调研地点。虽然开展了大量的资料收集、文件整理、数据收集与分析等工作，但调研样本量较小，实证分析不足。

基于以上研究不足，课题组将持续进行研究，以弥补研究中存在的不足。

第二章

民族传统体育与文化旅游产业融合发展理论研究

第一节　民族传统体育与文化旅游产业融合动因

一、民族传统体育与文化旅游产业融合发展的内部动因

（一）产业关联性

产业关联指的是产业间通过不同投入品和产出品形成的技术经济联系，这些联系构成了产业部门间相互依托的基石和主要方式。产业间联系的纽带主要包括产品、劳务联系、生产技术联系、价格联系、劳动就业联系以及投资联系等多种形式。某一产业的任何发展变化，都会不可避免地对其相关联的其他产业产生深远影响，这种影响主要体现在产品供需关系和技术供给层面。

首先，民族传统体育与文化旅游产业在产品供需方面互为生产的投入要素。民族传统体育所承载的节庆、赛事以及各类活动，既可以作为文化旅游领域独具特色的产品，又能作为文化旅游产品的重要构成要素。文化旅游产业的产品，其核心在于依托文化旅游资源，旨在满足旅游者对于文化体验与知识增长的需求。在旅游过程中，旅游者能够深入参与历史、文化或自然科学的考察、交流与学习等活动。同时，文化旅游产业所提供的平台与载体，也为民族传统体育产品的生产与推广提供了有力的支持。

其次，民族传统体育与文化旅游产业可以互相为双方提供生产技术手段，

并能够带动其他相关产业的技术进步。民族传统体育与文化旅游产业在资源开发上可以实现互相转换，民族传统体育在体育产业统计分类（2019）的分类中将观赏型体育比赛、节庆演出等内容归类于观光型体育旅游类，民族传统体育作为体育产业的分支，与文化旅游产业的产品和服务存在直接或间接联系，部分内容既属于民族传统体育资源，也属于文化旅游资源。在文化旅游资源开发过程中，对民族地区民族传统体育进行文化梳理、项目保护，运用文化产业产品的设计、包装、营销等生产技术手段，将民族传统体育以文化旅游产品的形式展现至游客面前，实现经济与民族地区共同发展，并带动相关产业共同发展。因此，从产业关联的表现上来看，民族传统体育与文化旅游产业互为其生产的投入要素和生产技术手段，产业之间关联度高，构成了产业融合的内在条件之一。

（二）产业自身发展需要

根据马克思分工思想和马歇尔产业融合思想，产业融合是社会分工发展到一定程度之后的结合，同时不同分工层次具有不同的专业化要求。从民族传统体育与文化旅游产业的发展过程上来看，其各自的形成均是社会发展到一定阶段出现社会分工发展的结果。

民族传统体育作为人类体育文化不可或缺的一环，既是体现民族独特性的文化形式，又是蕴含深厚传统底蕴的文化形态。它不仅是人类体育文化体系的组成要素，更是民族传统历史文化的重要组成部分。作为一种体育文化，民族传统体育旨在有目的地、能动地改造人类社会及人类自身，属于一种客观物质活动；而作为民族传统文化的一部分，它经历了从形成、发展到生存的历史演变，拥有独特且丰富的科学内涵，并在与其他文化形态的交融与区别中形成了独特的文化边界。纵观民族传统体育的演变历程，它经历了在社会发展中的弱化、冲击与失去依托的挑战，最终实现了主体复归、弘扬、传承以及产业化发展的历史进程。传统社会向工业社会转化时期，民族传统体育与生产劳动关系发生位移，民族传统体育逐渐被淡化；开放社会转化期间，受到了西方文化的冲击；宗教社会向世俗社会转化期间，民族传统体育失去依托。这三个过程体现了民族传统体育在形成产业化前经历了被弱化和冲击的阶段。随着思想的解放、价值观选择的多样化，世界经济结构发生了变化，民族传统体育的内在结构与价值逐渐展现；随着国家坚持弘扬和培育民族精神，民族传统体育逐渐成为精神、价值观、教育事业的重要内容；后伴随着经济社会的发展，民族传统体育需要在内容上进行补充、形式上寻求改变，并逐渐满足社会的需求，逐渐以健身娱乐、休闲旅游等形式向产业化的道路发展。产业融合发展对民族传统体育与其他产业之间的关系进行了重新界定，旨在通过明确且合理的分工，强化产业系统结构内部的关联性，促进融合发展的深入，并进一步优化升级各产业的功能，从而推动不同产业之间的融合发展，实现产业的互补共进。

从文化旅游产业上来看，改革开放前，我国旅游产业是以接待和政务为主要形式，尚未形成真正的文化旅游活动；改革开放后，中国旅游产业逐渐发展，积极发展入境游与国内游；而 20 世纪 90 年代以后，旅游在我国经济中的比重逐渐增加，出境游、节假日旅游逐渐成为热点。随着科技的发展，各地旅游热点频发，乡村旅游、文化旅游、赛事旅游等文化旅游产业逐渐寻求产业融合，丰富其产业内容，提高产业质量。产业发展可以融入外在优势资源，成为促进产业融合的内在动力。民族传统体育与文化旅游产业的融合，具备突破产业发展固有局限的潜力，同时能积极推动产业间的互动与协作，达到单一产业所无法企及的发展高度。

二、民族传统体育文化与旅游产业融合发展的外部动因

民族传统体育与文化旅游产业融合发展受到外部宏观环境的影响，哈佛大学教授弗朗西斯·阿吉拉（Francis Aguilar）建立了宏观环境的 PEST 模型，模型是从政策、经济、社会、技术这四种因素对影响产业的外部因素进行分析。因此，本节采用 PEST 模型对民族传统体育与文化旅游产业融合的外在动因进行分析。

（一）政策环境

政策环境在广义上指的是一系列自然条件和社会条件的集合，这些条件对于政策的制定和实施具有决定性或产生影响。政策环境的优化不仅为民族传统体育与文化旅游产业的融合发展提供了有力的政策支撑和动力源泉，同时也在宏观层面上为民族传统体育与文化旅游产业的融合发展提供了明确的指导和科学的调控。

民族传统体育与文化旅游产业的融合发展与国家政策导向和支持密切相关，我国相继出台政策和激励措施，重点推动文化旅游产业共同发展，促进体育与文化旅游业态融合、产品融合、市场融合，文旅融合已经上升为国家文化与旅游产业的重要方向。2009 年国家发布《文化产业振兴规划》、2014 年发布《关于加快发展体育产业促进体育消费的若干意见》、2016 年发布《关于进一步扩大旅游文化体育健康养老教育培训等领域消费的意见》《关于大力发展体育旅游的指导意见》、2019 年发布《关于促进全民健身和体育消费推动体育产业高质量发展的意见》，2021 年国务院公布的"十四五"规划中有 10 篇 18 章内容包括或涉及文化旅游建设发展，红色旅游、乡村旅游、生态旅游、加强非遗传承与保护、历史文化名城名镇名村的保护内容等被重点提及，其中更是明确提出了体育和文化旅游的融合发展；2021 年 10 月，国家体育总局的《"十四五"体育发展规划》中提到支持广西、贵州等地创建体育旅游示范区，支持建设生态旅游民族传统体育融合示范区等；2022 年 3 月，《关于推动文化产业赋能乡村振兴的意见》中提出了文化产业要赋能乡村振兴的特色文化产业、民族特色和文化旅游融合等具体措施，为文化产业赋能乡村振兴提供政策保障。政策环境的优化不仅为民族传统体育与文化旅游产业融合提供支撑力，也为其融合发展提供了指导和调控。

（二）经济环境

稳定的经济环境是民族传统体育与文化旅游产业融合的基本条件，其经济保障主要源于国内生产总值的提高与国家对民族传统体育和文化旅游事业的投入。如表 2-1 所示，从 2017 年到 2021 年，国内生产总值均逐渐提高，我国人均 GDP 增长了 1.06 倍，第三产业占比也在稳步上涨。当人均 GDP 达到 5000 美元的时候，说明旅游产业进入成熟的度假旅游期。数据表明，我国已经进入了成熟的度假旅游阶段，未来随着我国宏观经济的持续健康发展以及居民收入水平的稳步提高，旅游消费需求将得到进一步释放，从而促使产业融合，为产业融合发展奠定了良好的基础。

表2-1　2017—2021年国内生产总值　　　　　单位：亿元

年份	国民总收入	国内生产总值	第一产业	第二产业	第三产业
2017	830945.7	832035.9	62099.5	331580.5	438355.9
2018	915243.5	919281.1	64745.2	364835.2	489700.8
2019	983751.2	986515.2	70473.6	380670.6	535371.0
2020	1008782.5	1015986.2	77754.1	384255.3	553976.8
2021	1133239.8	1143669.7	83085.5	450904.5	609679.7

数据来源：《中国文化文物和旅游统计年鉴2022》。

表2-2　"十二五"至"十四五"时期全国文化和旅游事业经费基本情况

时期	年份	文化和旅游事业费（亿元）	国家财政总支出（亿元）	文化和旅游事业费占国家财政比重（%）
"十二五"时期	2011	392.62	109247.79	0.36
	2012	480.10	125952.97	0.38
	2013	530.49	140212.10	0.38
	2014	583.44	151785.56	0.38
	2015	682.97	175877.77	0.39
"十三五"时期	2016	770.69	187755.21	0.41
	2017	855.80	203085.49	0.42
	2018	928.33	220904.13	0.42
	2019	1065.02	238858.37	0.45
	2020	1088.26	245679.03	0.44
"十四五"时期	2021	1132.88	246322.00	0.46

数据来源：《中国文化文物和旅游统计年鉴2022》。

2012年，《文化部"十二五"时期文化改革发展规划》中提出了"加大投入，推动文化旅游产业融合发展，以文化提升旅游，以旅游传播文化"。国家"十三五"时期的文化发展改革规划的纲要里提出了优化文化产业的结构布局，围绕"一带一路"建设，加强重点文化产业带建设。发掘城市文化资源，推进城市文化中心建设。支持中西部地区、民族地区、贫困地区发展特色文化产业。《"十四五"文化发展规划》中也指出了要推进文化旅游产业的融合发展。"坚持以文塑旅、以旅彰文，创新发展民族特色与文化旅游的深度融合"。如表 2-2 所示，"十二五"到"十四五"初期，我国在文化旅游事业费的支出逐年提高，文化旅游事业费占国家财政的比重从 0.36% 提高到 0.46%。由此可以看出，文化旅游产业已成为我国财政事业的重要支出，国家对文化旅游事业的投入是民族传统体育和旅游文化产业融合发展重要的经济保障。

（三）社会环境

民族传统体育与文化旅游产业的融合发展既是人民追求美好生活品质的生活需要，也是维系中华民族优秀文化繁荣发展的社会需要，社会消费观念的转变为市场和企业的发展提供了新的思路。文化和旅游部发布的 2023 年前三季度国内旅游抽样调查统计数据显示，国内旅游总人次达到 36.74 亿，相较于上年同期增长了 15.80 亿，增长幅度达到 75.5%。在细分市场中，城镇居民的国内旅游人次为 28.46 亿，同比增长 78.0%；农村居民的国内旅游人次则为 8.28 亿，同比增长 67.6%。具体至季度表现，2023 年第一季度国内旅游总人次为 12.16 亿，同比增长 46.5%；第二季度国内旅游总人次为 11.68 亿，同比增长 86.9%；第三季度国内旅游总人次为 12.90 亿，同比增长 101.9%。同时，文化和旅游部的数据还显示，2023 年前三季度，居民国内出游总花费达到 3.69 万亿元，相比上年增长了 1.97 万亿元，同比增长率高达 114.4%。其中，城镇居民的出游花费为 3.17 万亿元，同比增长 122.7%；农村居民的出游花费为 0.52 万亿元，同比增长 75.8%。[1]

2023 年，我国国内旅游人数的增长显著超越了预期，彰显了旅游作为城乡居民追求美好生活之刚性需求的地位，有力推动了我国旅游市场的长期繁荣以及旅游产业的高质量发展。各季度居民出游意愿均维持在 90% 以上的高水平，全年平均出游意愿高达 91.86%，这一数据创下了有监测记录以来的新高，较 2019 年高出 4.52 个百分点。根据中国旅游研究院与文化和旅游部数

---

① 2023 年前三季度国内旅游数据情况［EB/OL］.中国政府网，2023-10-29.

据中心的精准测算，2023 年全国旅游经济运行综合指数（CTA-TEP）始终保持在景气区间，其均值为 109.95，已接近 2019 年同期水平。在旅游经济领域，总体市场特征呈现供需两旺、动态平衡的良好态势，且全年未发生重大涉旅安全事故和负面舆情，旅游业发展质量实现了稳步提升。

相关数据再次证明了旅游业发展的良好势头，七个节假日的游客出游距离、停留时间、目的地游憩半径等微观指标表明，国内旅游市场已经恢复了正常的发展节奏。透过劳动节假期 5 天、暑期 3 个月和中秋、国庆节假日 8 天旅游市场相关指标及其同比变化（图 2-1 和图 2-2），以及相对于 2019 年恢复程度的数据，结合季度和年度数据综合研判，旅游经济已经度过了本轮非常规周期的极速衰退、深度萧条和快速复苏阶段，即将步入繁荣发展的新阶段。从 2024 年开始，旅游经济的年度、季度和节假日市场的主要指标，特别是国内旅游人次、旅游收入等指标将不再与 2019 年做比较，只会发布正常的同比和环比数据。同时，预计 2024 年国内旅游出游人数、国内旅游收入将分别超过 60 亿人次和 6 万亿元，入出境旅游人次和国际旅游收入将分别超过 2.64 亿人次、1070 亿美元。虽然通过 2019 年与 2023 年的数据对比可以看出旅游业总体的恢复情况，但更重要的是通过数据的变化，看出旅游在较短时间内形成的巨额增长量，这种高密度的增长量集中在一年内的节假日，2023 年上半年国内旅游收入对居民消费增长的贡献率是 59%，对经济增长的贡献率达到了 38%，可以看出旅游消费对经济拉动的作用在增强，形成了旅游消费增长的格局。

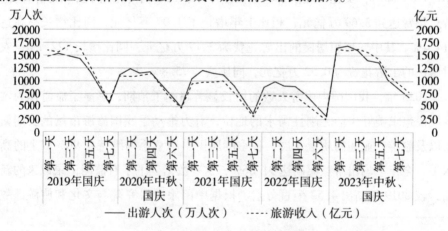

图 2-1　2019—2023 年中秋、国庆节假日出游人次和旅游收入

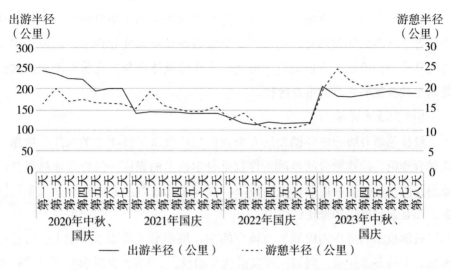

图 2-2　2020—2023 年中秋、国庆节假日出游半径和游憩半径

　　旅游新消费格局的产生，带动的是消费需求的转变，体现出其"大众旅游全面发展阶段的显著特征与长期趋势。旅游新需求和细分市场的不断涌现，推动了旅游场景、产品和服务的创造性提升和创新性发展"。《中国国内旅游发展报告（2023—2024）》中指出："深受青年人喜爱的特种兵旅游、反向旅游、集章、打卡旅游、城市漫游（Citywalk）、村超、村 BA、研学旅游、康养旅游、自驾出游、旅居结合的休闲度假游。"2023 年的旅游热词如图 2-3 所示，体育与文化旅游融合的旅游方式成为旅游热点。

围炉煮茶
自驾出游　仪式游　45度躺平
研学旅游　避暑　康养旅游
特种兵式旅游
旅居结合　反向旅游　避冷
"进淄赶烤"　打卡旅游
美食游　村超村BA
Citywalk　沉浸式

图 2-3　2023 年中国旅游热点关键词

居民消费观念的改变对社会资源开发和利用提出了更高的要求，民族传统体育所具备的文化属性，能赋予文化旅游产品更多文化内涵，也能为民族传统体育的传播拓宽发展道路。因此，民族传统体育与文化旅游产业的融合是满足社会发展需要的重要途径。

（四）技术环境

科技创新升级为产业的发展和企业的生产提供了技术上的保障。根据产业融合理论，产业融合的基础条件就是科学技术的提高，但与其他高科技产业不同的是，技术的提高在民族传统体育和文化旅游产业中并不是决定性因素，而是起到连接和催化的作用。

科学技术的进步为民族传统体育的文化展示形式增添了视觉上、听觉上和感官上的多重体验。例如，可以借助互动投影、VR、虚拟现实等科学技术打造出与民族传统体育相关的娱乐体验项目，通过科学技术赋予民族传统体育的发展动力，促进民族传统体育与文化旅游产业融合的深度。科学技术的进步还能为民族传统体育与文化旅游产业融合发展提供支撑力，发达的交通枢纽、流畅的公共旅游服务平台以及高质量旅游服务设施的建设都离不开科学技术的创新与运用，通过科学技术的运用转变陈旧的旅游商业运作模式，提升运作效率。为此，在民族传统体育与文化旅游产业融合发展过程中科学技术的使用能够起到助推与催化的作用。

第二节　民族传统体育与文化旅游产业融合互动机制

民族传统体育与文化旅游产业之间可以实现相互融合、相互依存、相互发展的关系，存在双向互动的机制，表现为民族传统体育能为文化旅游产业增加活动内容的同时还能提升其文化内涵与质量，而文化旅游产业的发展能为民族传统体育提供开展活动内容的空间载体，并在游客自带的扩散效应下，加速民族传统体育文化的传播。民族传统体育与文化旅游产业融合互动关系如图2-4所示。

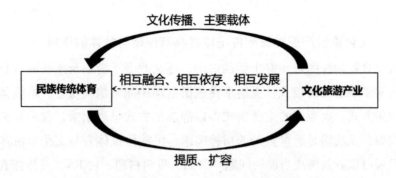

图 2-4 民族传统体育与文化旅游产业融合发展互动机制

一、文化旅游产业对民族传统体育具有传播与载体的作用

不管是无形的民族传统体育文化产品，还是有形的民族传统体育活动、场馆与设施产品，在社会现代化社会发展进程与西方现代体育的影响下，都存在民族传统体育的传播受到严重的威胁，开展民族传统体育场地也逐渐被现代活动所占领的问题，加之无形的民族传统体育文化如果不能寻找到合适的依附载体，那么民族传统体育也容易随着时间的流逝被人类遗忘。而民族传统体育的传播与发展如果仅依靠民族传统体育本身以及政府出台的保护性措施或村落间的自发保护措施等自救型解决方案，则无法应对民族传统体育的发展问题。综合前文对民族传统体育与文化旅游产业之间的关联性与产业自身发展需要的分析，本书认为，可以通过文化旅游产业助力民族传统体育的发展，为民族传统体育的传承提供合理的发展载体。文化旅游产业在为民族传统体育提供发展的同时，也为其提供了更大的生存与发展空间，给予民族传统体育更多与游客的接触机会，游客也可以在旅游活动中感受到更多文化价值。对于文化旅游产业来说，民族传统体育融入文化旅游产业中既符合了现代社会对旅游消费的多元需要，也因民族地区资源被有效利用后产生更大的经济价值，为民族传统体育的保护者、文化旅游项目开发以及其他利益相关者带来更多的经济收入。

二、文化旅游产业对民族传统体育具有传播与载体的作用

人民日益增长的对美好生活的追求，逐渐改变了游山玩水、欣赏自然风光与人文景观的旅游模式，更追求在旅游活动中能够愉悦身心、增强体质的休闲娱乐方式。而原有的旅游模式多以静态的方式呈现出来，仅满足游客的视觉需要，无法满足游客多元的精神需求，民族传统体育与文化旅游产业的融合发展可以有效解决当前的问题。例如，贵州村超、村 BA，贵州拥有独特的地貌和自然资源，以体育活动为龙头，结合文化旅游资源，在体育赛事表演活动中融入民族传统体育活动等，打造集民族传统体育表演、体育赛事、文化观光、民族文化体验为一体的体育文化旅游模式，助力当地经济发展，满足游客游、购、娱的文化旅游需要的同时，也使旅游产品的文化价值得到提升。另外，民族传统体育活动的开展能赋予文化旅游产品更多动态效果，为文化旅游产品的开发提供多种思路。例如，宾阳炮龙节被称为"东方独一无二的狂欢节"，是由于其开展特点是人与龙同舞，通过舞龙享受刺激与欢乐，正因其特殊的参与性质，游客在炮龙节这一天齐聚宾阳县城，带动庙会、旅游观光、美食展销会、旅游项目投资推介会的开展，形成多方面互动的效果。

第三节　民族传统体育与文化旅游产业融合模式

根据产业融合理论可知，由于不同产业的融合情况不同，其融合模式之间也会存在差异。基于其民族传统体育发展情况与资源分布、市场需求以及旅游产品情况的不同，本书将民族传统体育与文化旅游产业融合模式归纳为渗透融合、延伸融合与重组融合（如图 2-5 所示）。

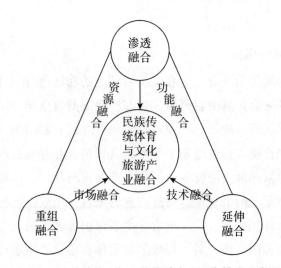

图 2-5　民族传统体育与文化旅游产业融合模式示意图

一、渗透融合模式

渗透融合通常出现在产业间的交汇处，体现在选取民族传统体育或文化旅游产业的某个环节上，将选取的内容渗透到对方的产业价值链环节中，从而形成了民族传统体育文化旅游等新产业。民族传统体育与文化旅游产业通过技术上的渗透，使文化旅游产品融入民族传统体育特色活动，或在民族传统体育活动中融入特色的文化旅游产品。在渗透的方向上，既是民族传统体育向文化旅游产业渗透，也是文化旅游产业向民族传统体育渗透。民族传统体育不仅可以体现一个民族千百年来的文化精髓，也可以让各族人民对本民族文化产生归属感、认同感、荣誉感。开展各类民族传统体育旅游是民族地区开展较多的文化旅游形式，民族传统体育渗透至文化旅游中形成了形式各样的活动，并带来"1+1>2"的融合效应。例如，贵州黔西南以三岔河运动休闲特色小镇为空间载体，通过"技术+市场"的融合形式将布依族节"六月六"等节庆中的民族传统体育项目表演渗透至文化旅游产业中。一方面，通过技术支持，将民族传统体育转化为文化旅游产品，吸引国内外游客观光旅游，并产生旅游消费；另一方面，民族传统体育的成功转化并获得良好的文化旅游效应，这是一个提升民族自信、树立民族文化认同感与归属感的过程。

二、延伸融合模式

延伸融合模式是指产业之间在经济活动上的功能进行互补或延伸，从而实现产业之间的融合，其融合通常发生在产业之间自然延伸的部分，使产业发生交叉融合，从而形成新的产业体系与原产业没有的附加功能，更具产业竞争力。延伸融合模式也更适用于原本就具备较强互补性的产业之间，其功能价值与互补价值能最大限度地向另一个产业进行延伸，使原产业的价值得到提高，突破产业之间的壁垒，促进产业的融合。民族传统体育与文化旅游产业之间都具有休闲娱乐、文化教育、生态保护等多重功能与互补作用，两者之间能进行较强的产业互补，如攀岩特色体育小镇、生态民俗风情园、程海康养小镇等就是经过产业间功能互补后形成的延伸融合发展的代表。一方面，可以利用原有的文化旅游活动场地建立具有开展民族传统体育项目功能的活动场所，这一场所既是游客集康养、健身、娱乐、休闲于一身的场所，也是展示民族传统文化、提升地方经济效益的重要场所；另一方面，还能以综合性的体育文化旅游园区为中心，向外辐射带动周边农家乐、酒店业、餐饮业、手工艺品售卖、农副产品销售等多个行业，带动当地居民提升经济收入与就业。这样经过延伸融合发展产生的新业态将其价值延伸到了极致，超出原产业独立发展产生的经济与社会效益，达到产业融合的发展目的。

三、重组融合模式

重组融合模式通常出现于产业内部，是产业内部的产业分支之间或具有密切关系的不同产业之间的重组。根据产业细分可以了解，产业运营过程中同一产业内部的子产业，或相关产业之间的产业运营模式，或产业的形式、内容，或营销手段存在相似性，才能实现重组。体育与文化旅游产业进行融合时通常以节会、展会、聚集园以及特色产业为纽带，实现产业的重组并形成全新的业态。对民族传统体育与文化旅游产业来说，以民族节庆为纽带，打造民族传统体育节庆旅游是常见的融合成果。经过重组形成的节庆活动规模更大、涉及群体广泛、运营资金增加，社会效益与经济效益也随之提升，为此，重组融合后的旅游产品能够吸引更多游客与更多投资项目。

第三章

广西民族传统体育与文化旅游产业的发展情况

第一节 广西的基本概况

广西壮族自治区总面积为 23.6 万平方千米，主要有壮族、汉族、瑶族、仫佬族、侗族、回族等 12 个世居民族聚居于此，少数民族居住地区约占全区的 60%，是全国少数民族聚居最多的自治区，同时并包含满、蒙等 40 个民族。根据广西壮族自治区统计局《2023 年广西壮族自治区国民经济和社会发展统计公报》统计，2023 年广西常住人口 5027 万人，少数民族人口 1880.80 万人，少数民族人口占总常住人口的 37.6%。其中，壮族是广西人数最多的少数民族，占全区常住人口的 31.4%。① 广西的民族构成反映了其丰富的文化多样性和民族融合特点。

广西还是我国唯一与东盟陆海相连的省区，是西部陆海新通道的重要支点，其地理优势使广西正处于西南经济圈、华南经济圈和东盟经济圈的结合区。广西与贵州、云南、湖南、广东四省接壤，与越南毗邻，又因绝大多数地区属于亚热带季风气候，冬短夏长，雨水丰沛，光照充足，在沿海、平原、丘陵、山地等地理环境下，造就了桂林、河池、北海等众多闻名遐迩的旅游度假胜地，分别享有"桂林山水甲天下""巴马长寿之乡"与"中国最大氧吧，生态养生天堂"等美誉。同时，广西因拥有丰富的物种资源与良好的生

---

① 广西壮族自治区统计局.2023 年广西壮族自治区国民经济和社会发展统计公报[EB/OL].
广西壮族自治区统计局官网，2024-03-30.

态环境，还被誉为"全国天然药库""生物资源基因库""中药材之乡"。

　　基于广西民族资源、自然资源与地理区位优势，广西壮族自治区着力打造"桂林山水""浪漫北部湾""壮美边关""长寿广西""壮美三月三""刘三姐文化"六大文化旅游品牌，形成集生态、康养、文化、民族、旅游资源于一体且少数民族人口最多的少数民族自治区，为推动大健康产业背景下民族传统体育与文化旅游产业的融合发展提供了良好的基础条件。

第二节　广西民族传统体育的基本情况

　　广西壮族自治区聚居有壮、苗、京、瑶、侗、仫佬等 12 个少数民族，以壮族为主，其他少数民族总人数位居全国之首，多民族的特点使广西拥有丰富的民族传统文化资源，同时在民族传统文化发展的长河中，积淀了丰富的民族传统体育资源，这些历史悠久的民族传统体育资源文化底蕴深厚，且特色鲜明，使广西特色文化旅游产业极具开发的价值。

一、广西民族传统体育资源及地域分布情况

　　根据广西壮族自治区人民政府办公厅印发的《关于进一步加强少数民族传统体育工作的实施意见》："据不完全统计，广西民族传统体育项目约有470 余项，广西民族传统体育文化资源已开发了 305 个比较完整的项目。"根据民族传统体育的分类，本书采用陆元兆[①]学者对广西民族传统体育的分类，将广西民族传统体育项目分为竞技类、游戏类、舞蹈类、表演类、节会类和养生类六大类型。基于李赫[②]对广西民族传统体育项目特征的研究，本书结合目前广西民族传统体育资源，根据广西区域特征对广西民族传统体育分布情况进行分类，主要分为桂西、桂北、桂南、桂东四大资源区（如表 3-1 所示）。

---

① 陆元兆. 广西民族体育旅游资源开发的综合研究 [J]. 中国体育科技, 2006（3）：65-71.

② 李赫. 广西少数民族传统体育项目地域分布特征研究 [J]. 体育研究与教育, 2014, 29（S2）：45-47.

表 3-1 广西民族传统体育分布情况

资源区域	主要城市	主要民族	主要民族传统体育
桂西区	百色市	彝族、苗族、仡佬族、瑶族	板鞋竞速、打秋千、抛绣球、抢花炮、打磨秋
	河池市	壮族、瑶族、仫佬族、毛南族	同顶、板鞋舞、跳芦笙、打铜鼓、打扁担、爬坡杆、长鼓舞、赛马、抢花炮、舞草龙、同顶
桂北区	桂林市	壮族、瑶族、侗族、苗族、回族等	芦笙踩堂、多耶、抛绣球、跳竹竿、舞龙、打扁担、板鞋竞技、舞狮、抢花炮
	柳州市	壮族、瑶族、仡佬族、苗族、侗族	抢花炮、板鞋竞技、抛绣球、同镇、跳芦笙、爬坡杆、舞春牛、过火链、拉鼓、上刀山等
桂南区	南宁市	壮族、瑶族、苗族	划龙舟、抢花炮、板鞋竞技、抛绣球、跳芦笙、舞春牛、打铜鼓、师公舞、打扁担等
	北海市、防城港市	壮族、京族	高脚马、跳竹竿、踢毽球、顶杠等
桂东区	梧州市、玉林市	壮族、瑶族、回族	过火海、拉长鼓、打铜鼓、盘王五旗兵、师公舞、舞春牛、抛绣球等

广西地形以山地为主，其中丘陵、山地约占 79%，地势由西北向东南倾斜，形成了四周高、中间低的盆地地形。同时，北部喀斯特广布，东南部丘陵错落，南部临靠海岸。广西民族传统体育受到地势的影响，分布在不同区域，而且不同区域间的民族传统体育特征存在差异，形成了具有地域特色的民族传统体育项目。

桂西地区以百色市与河池市为主要代表，由于桂西地区与云贵高原相连且被群山包围，处于山多地少的地理位置，经济发展速度缓慢，交通闭塞，长期以来一直以发展农业为主，保留着原始的生产生活习惯以及与婚丧嫁娶相关的民俗活动，当地的民族传统体育项目也源于这些民俗活动。仫佬族、仡佬族、毛南族这些少数民族长期聚居于桂西地区，目前还保留着仫佬族依饭节、毛南族分龙节、仡佬族拜树节等民俗节庆活动，并在民俗节庆活动中延伸出了舞草龙、独竹漂、抢粽粑等多种民族传统体育项目。

桂南地区以南宁市、北海市和防城港市为主。相较于桂西地区，南宁市是广西首府，同时，北部湾经济走廊的开发以及与东盟十国之间经济交流增长，使得桂南地区在经济、交通、文化方面都得到了较好的发展。基于桂南地区是广西对外经济交流、提升社会地位的重要窗口，在桂南地区主要发展竞技类民族传统体育项目为主，这对促进广西经济发展也起到了重要作用。随着少数民族运动会在全国范围广泛举办，桂南地区利用地域优势创建了南宁国际龙舟邀请赛、防城港国际海上龙舟邀请赛等民族品牌赛事。

桂东地区以梧州市与玉林市为主。桂东地区位处两广交界地带，与广东省毗邻，商贸发达的广东对桂东丰富的农林资源有很大的需求，经济上的往来进一步加强了汉文化对桂东地区少数民族文化的影响，桂东地区的少数民族愈加显现出开放的姿态。新兴的内河港口城市贵港，吸收着粤港澳及东盟各国的多元文化。梧州自古就凭借着西江水运航道，积极发展临港工业和物流产业，如今再加上铁路的全线开通，对外交流更加频繁。从历史、地理、经济方面的优势看，桂东是整个广西中汉文化影响最深的地区。桂东地区居住的少数民族主要有壮、瑶、回三个民族。三个民族相互影响渗透，促进了民族传统体育项目的相互融合，其主要的民族传统体育项目有拉长鼓、师公舞、打铜鼓、舞春牛、抛绣球、过火海、盘王五旗兵等。

桂北地区以桂林市与柳州市为主，是一个颇具浓郁民俗风情气氛的地区。兴安灵渠、柳侯祠、靖江王城等民俗历史特色资源，显示着该区具有深厚的文化底蕴。喀斯特地貌使得该地区形成"无山不洞，无洞不奇"的自然景观，独特的文化内涵及丰富的风景旅游资源给桂北地区带来了较大的经济效益，娱乐表演类的民族传统体育项目就成了当地人接待游客的最佳方式，如抛绣球、打扁担、上刀山等传统体育项目在当地极受欢迎，成为桂北地区传统体育项目的一大特色。

二、广西民族传统体育活动开展的情况

民族传统体育活动的开展是对其本身进行整体性保护与活态传承的过程，

使凝聚着民族历史、艺术、人文、教育、健身和科学价值的民族传统体育，能够在形式上得以传承与延续。将其文化精神与现代娱乐生活方式相结合，可实现民族文化与经济社会的可持续发展。目前，广西主要以民族传统体育表演、民族传统体育节庆与民族传统体育品牌赛事三种形式开展民族传统体育活动（如表3-2所示）。

表3-2 广西民族传统体育开展形式及主要活动内容

开展形式	主要活动	作用
民族传统体育节庆	罗城仫佬族依饭节、环江毛南族分龙节、靖西七夕绣球节、田阳布洛陀民族文化旅游节、"壮族三月三"歌圩暨骆越文化旅游节、中国—东盟"太极一家亲"、"三月三"花炮节	推动广西民族传统体育的自主发展，推动广西民族传统体育社会组织的发展
民族传统体育品牌赛事	少数民族体育运动会、中国—东盟（南宁）国际龙舟邀请赛、中国—东盟狮王争霸赛、桂（广西）花（台湾花莲）绣排球联谊赛、广西珍珠球邀请赛、广西板鞋竞速邀请赛、广西独竹漂邀请赛	提升民族文化传播的效度；增进民族凝聚力、民族自信心和自豪感，培养民族文化自信；塑造城市特色，形成与区位优势相适应的文化优势
民族传统体育表演	开展黄泥鼓、抛绣球、打铜鼓、跳竹竿、打扁担、捞火球、桐子镖、芦笙舞、踩风车、爬坡杆、陀螺技法等民族传统体育表演项目；在南宁市沛鸿民族中学、广西体育高等专科学校、广西科技师范学院、广西民族师范学院等建立广西民族传统体育表演基地	推动民族传统体育表演项目训练基地设施的建设，带动民族传统体育表演项目的发展；提高民族传统体育表演项目水平；促进民族传统体育表演项目的普及与发展

（一）广西民族传统体育节庆活动

广西民族传统体育节庆活动丰富，根据民族传统体育分布特点，广西民族传统体育节庆活动的开展主要集中于百色市与河池市，围绕河池市罗城县与环江县、百色市靖西市与田阳县中特有的习俗与民族文化，造就了丰富的民族传统体育项目，分别打造了罗城仫佬族依饭节、环江毛南族分龙节、靖西七夕绣球节、田阳布洛陀民族文化旅游节等民族传统体育节庆活动。这些民族传统体育节庆活动的开展情况具有稳定性、周期性、民族性与趣味性。除桂西地区之外，其他地区也开展了有规模的民族传统体育节庆活动，如武鸣"壮族三月三"歌圩暨骆越文化旅游节、桂林市中国—东盟"太极一家亲"、融水苗族芦笙斗马节等民族传统体育节庆活动。相比之下，"三月三"、太极、花炮节这样的民族传统体育节庆活动的开展不受地域与民族文化的限制，开展范围较广，群众参与性更高，在节庆活动中不局限于单一开展时间，通常根据民俗活动的开展需要进行调整。例如，花炮节开展范围广，主要划分为侗族抢花炮与壮族抢花炮，分别在南宁市邕宁区、三江侗族富禄县、三江侗族林溪镇等地开展花炮节民族活动。南宁市邕宁区每年将在春节期间、二月二、三月三等众多节日开展抢花炮民俗活动，村落还根据村落习俗需要在正月十六举办抢花炮活动。尽管广西民族传统体育节庆活动的开展地域不同、活动性质存在差异，但都为广西民族传统体育与文化旅游产业提供了天然孕育平台，通过民族节庆营造氛围，形成良好的周期性活动，能够满足游客外出旅游娱乐休闲的目的和参与锻炼体验运动快乐的需求。

（二）广西民族传统体育品牌赛事活动

民族传统体育品牌赛事的打造与少数民族运动会的开展，推动了广西民族传统体育与文化旅游产业的融合发展，是广西民族传统体育与文化旅游产业融合发展的主要方式之一。广西从 1982 年开始举办少数民族体育运动会，迄今为止已经连续举办了 15 届。从第九届广西少数民族体育运动会开始，赛事的参与主体就已经囊括了广西全区的 12 个民族，社会知名度和影响力不断提升。民族传统体育竞技项目在赛事发展过程中一直呈增长趋势，在第四届广西少数民族体育运动会上首次推出了竞技项目，当时只有 4 项，而到第十届时，竞技比赛项目已经增加到 10 项，赛事的规章制度和比赛规则也逐渐完善，竞技项目的增多极大地提升了广西少数民族运动会的精彩程度，社会对赛事的关注度也不断提高，有效提升了广西少数民族体育运动的社会知名度和影响力。

除少数民族体育运动会外，广西也举办一些地方性质的赛事活动，甚至有些活动在国内外都产生了一定的影响力，例如，中国—东盟（南宁）国际龙舟邀请赛、中国—东盟狮王争霸赛、桂（广西）花（台湾花莲）绣排球联谊赛，其中中国—东盟（南宁）国际龙舟邀请赛与中国—东盟狮王争霸赛的社会影响力较大、覆盖面较广，在促进对外交流方面具有重要意义。首届中国—东盟（南宁）国际龙舟邀请赛于2004年在南宁市成功举办，至今已举办了15届，龙舟邀请赛承袭了端午节期间开展划龙舟活动的传统习俗，定于每年的6月开展。龙舟赛开展之初，参赛队伍维持在50支左右，但举办到第八届时就吸引了71支队伍，参赛运动员与教练员数量达到了1673人，是有史以来参赛人数最多、规模最大的一次比赛。从参赛人员的来源上看，最开始以中国境内与越南的运动员为主，后逐步吸引更多东南亚国家运动员参赛，近几年欧美国家的运动员参赛也呈现出上升趋势，中国—东盟（南宁）国际龙舟邀请赛的社会认可度不断提高，影响力不断扩大。广西民族传统体育品牌赛事的开展，不仅提升民族文化传播效度，增进民族凝聚力、民族自信心和自豪感，培养民族文化自信，还可以塑造城市特色，形成与区位优势相适应的文化优势，为相关产业品牌化发展奠定了坚实的基础。

（三）广西民族传统体育表演活动

广西致力于推动民族传统体育表演活动项目训练基地设施的建设，带动民族传统体育表演项目的发展，提高民族传统体育表演项目水平，促进民族传统体育表演项目的普及与发展。目前，广西常见的民族传统体育表演主要是壮族、苗族、瑶族、侗族等少数民族的黄泥鼓、抛绣球、打铜鼓、跳竹竿、打扁担、捞火球、桐子镖、芦笙舞、踩风车、爬坡杆、陀螺技法等传统体育项目。但大多数少数民族传统体育表演项目受到了外来文化冲击与社会环境、人口流动等影响，广西民族传统体育表演的生存与发展的空间不断被挤压，造成表演人才缺失、文化特性不断流失等现象。基于对广西民族传统体育表演项目的保护，广西壮族自治区体育局从2015年起开展民族传统体育表演项目基地申报工作，目前已有南宁市沛鸿民族中学、广西体育高等专科学校、广西科技师范学院、广西民族师范学院等单位成功申报并设立广西民族传统体育表演基地。学校成为民族传统体育传承与弘扬的重要阵地。广西体育高等专科学校作为广西民族传统体育表演项目基地与广西民族传统体育保护传承示范基地，无论是在广西开展的各大民族传统体育表演任务，还是在全区或全国少数民族运动会中都担任着重要角色，学生在"壮族三月三·民族体育炫"系列活动中作为重要的演职人员，进行武术、板鞋竞速、打陀螺、花式毽球、抛绣球等多个民族传统体育项目的表演。除此之外，广西壮族自治区体育局扩大了对民族传统体育基地的建设，利用民族品牌的示范带动作用，创建了一系列广西运动休闲小镇与广西民族传统体育运动基地。着力打造的歌娅思谷民族体育运动基地被国家评为国家体育产业示范项目，最先打响了"广西最炫民族风"，以白裤瑶为代表的 11 个少数民族在此聚居，使该地成为传承发展民族体育和建设运动休闲特色小镇的胜地。歌娅思谷共建设 30 多个体育运动场所与民族体育表演实景舞台等，其中包括 5 个达到国家级标准可提供运动会赛事的训练基地，通常在春节、元宵节、三月三、中秋节等传统节日中组织开展舞狮、舞龙、打陀螺等民族传统体育表演活动。同时，以"以赛促旅，借赛兴游"为目标，歌娅思谷举办散打擂台赛、山地自行车冠军赛、广西"三月三"民族活动，打响"最炫民族风"的体育旅游金字招牌。

三、广西民族传统体育的特点

（一）广西民族传统体育活动开展的常规性

广西民族传统体育节庆活动丰富，众多民族传统体育项目从少数民族传统习俗中延伸出来。例如，壮族的"三月三"歌圩节、瑶族的达努节、仫佬族的依饭节与走坡节、彝族的彝年、毛南族的分龙节、苗族的苗年、侗族的侗年等，这些民族传统体育节庆活动受到各民族的宗教信仰、生存环境与民族文化的影响，开展时间存在差异且各具特色，通常在特定的时间内开展相关民族传统体育节庆活动，具有常规性。例如，仫佬族依饭节通常在立冬后择"吉日"举办节庆活动，直至今日，仫佬族仍保持原始的节庆开展规律，县域内每年以仫佬族乡邻组织与企业组织为主开展小型依饭节活动，而政府主导开展的大型依饭文化节活动自 2009 年成功举行后，至今已成功开展了 5届，吸引了全区乃至周边省份的游客参与，对提升仫佬族民族自豪感、提高仫佬族社会地位、带动仫佬族经济发展具有重要作用。另外，广西少数民族传统体育运动会自 1984 年至今已成功举办了 15 届，在运动会中设立的抢花炮、抛绣球、板鞋、珍珠球、高脚竞速等竞技项目都属于历届运动会中常设项目。

（二）广西民族传统体育活动的多样性

广西民族传统体育活动约有 476 项，活动的形式多样，既具有民族风情色彩，又具备娱乐消遣、艺术欣赏、强身健体等老少皆宜的特点。例如，苗族芦笙舞、仫佬族草龙舞、仡佬族牛筋舞等展现了民族传统体育的文化艺术性；壮族抛绣球、侗族踩高脚、苗族爬坡杆、京族跳竹竿等培养了身体的协调能力；回族摔跤、水族扳腰、壮族打扁担等突出了对身体力量的展示。通过民族传统体育活动的开展，广西民族传统体育的内在文化精髓得到传承，民族活动得到释放，并让游客与参与者有身临其境的感觉。

（三）广西民族传统体育活动的群众性

广西民族传统体育伴随着各族人民的生产生活，各族人民群众耳濡目染地接受着民族传统体育的文化熏陶。随着城市化进程的不断推进，人们参与民族传统体育的机会减少，但各族传统体育仍有重要拥护者和参与者，在广西开展的各项民族传统体育活动具有较好的群众基础。随着全民健身、健康中国等国家战略的实施，广西民族传统体育开展群体也在不断扩大。自 2016 年以来，广西连续成功举办 8 届全区性的"三月三·民族体育炫"系列活动，成为享誉全国的民族传统体育特色品牌活动。"三月三·民族体育炫"系列活动设有河池市、崇左市、柳州市等多个分会场，在不同分会场开展的系列活动存在差异，例如，崇左市分会场下设竹竿舞、背篓绣球、高杆绣球等多种具有群众参与性的民族传统体育体验活动，并有来自南宁市、北海市、柳州市等 8 市共 130 名运动员参与。为进一步扩大群众的参与性与系列活动的影响力，2020 年广西壮族自治区人民政府印发《关于进一步加强少数民族传统体育工作的实施意见》，广西民族传统体育活动的影响力逐渐提升，群众参与率也在逐步提高。2020 年广西首创"广西三月三·民族体育炫"线上活动，通过开展线上体育综合运动会、线上民族体育展览馆浏览、线上民族传统体育教学课与线上比赛直播的方式，分别获得了 76 万人次、450 万人次、486 万人次与 8000 万人次的观看量。"广西三月三·民族体育炫"系列线上活动面向更多群众、服务人群扩大，在活动内容设计上突出趣味性、便利性和可参与性。

根据广西民族传统体育资源的分布、活动类型及开展特点，可以看出广西民族传统体育资源丰富，不同地域的民族传统体育特色具有差异性，其蕴含的历史文化也较为丰富，且民族传统体育活动具有种类丰富、群众基础较好、活动开展时间较为固定的特点，为广西民族传统体育与文化旅游产业融合发展奠定了坚实的基础。

第三节 广西文化旅游产业发展情况

一、广西文化旅游产业主要景区基本情况

由广西壮族自治区文化和旅游厅制作的《广西旅游导览图（2023年版）》包含了广西全区主要景区景点、高速公路服务区、城市旅游集散中心、高铁站以及各级公共文化服务场馆。导览图总计700多个导览点，包括5A级景区9个、4A级景区334个，国家级旅游度假区2个、自治区级旅游度假区21个，国家全域旅游示范区5个，广西全域旅游示范市8个，广西全域旅游示范区31个，广西特色旅游名县32个，国家生态旅游示范区3个，广西生态旅游示范区95个，国家5C级自驾车旅居车营地（五星级汽车旅游营地）1个、四星级汽车旅游营地12个，全国红色旅游经典景区16个，广西五星级乡村旅游区122个，国家级旅游休闲街区2个，国家级夜间文化和旅游消费聚集区5个，世界长寿之乡4个以及中国长寿之乡35个。

如表3-3所示，2020—2022年广西旅游景区数量不断增加，其旅游景区服务质量也在不断提高，5A级旅游景区由7个增长至9个，4A级旅游景区由275个增长至335个。目前，南宁市拥有5A级旅游景区1个、桂林市4个、北海市1个、崇左市1个、百色市1个、贺州市1个，其中桂林市的5A级旅游景区最多，包含桂林漓江景区、桂林两江四湖·象山景区、桂林独秀峰·王城景区、桂林乐满地休闲世界，桂林市四大5A级旅游景区涵盖了自然山水观光、山水文化体验、山水休闲度假与自然生态康养等旅游产品，是广西着力打造的"桂林山水"文化旅游品牌项目。4A级旅游景区分布在全区14个地级市中，但主要还是分布在南宁市、桂林市、河池市、柳州市等著名旅游城市之中，存在分布不平衡的现象。

根据广西壮族自治区文化和旅游厅公布的景区介绍，广西主要景区类型

以自然风光、健康养生、民俗风情、民族文化等为主。例如，南宁九曲湾温泉景区集生态性、民族性、科技性、医疗性为一体，具有浓郁的民族风情和地方特色；广西民族博物馆是以广西民族文化为专题的博物馆，以收藏、研究和展示广西 12 个世居民族的传统文化为主要工作任务，同时兼顾对广西周边省份各民族以及东南亚各民族的文化研究、文物资料收藏和宣传展示；德天瀑布将瀑布、山体、河流、植被、乡村田园等景观相结合，集跨国瀑布山水景观、丰富多彩的边境民俗风情、悠久神奇的边关历史文化为一体，形成山青、水秀、瀑美、情浓的南国边疆喀斯特特色景观；百色起义纪念馆以历史革命文化资源为主。由此可见，广西旅游景区类型趋向于多元融合发展，尤其在主要旅游景区中突出了对民俗风情文化旅游和健康养生的建设，对民族传统体育与文化旅游的融合具有促进作用。

二、广西文化旅游产业机构的基本情况

文化旅游机构是促进文化与旅游的深度融合，推动旅游业发展，提升国家文化软实力。文化旅游机构通过将文化与旅游合并，整合文化资源和旅游资源，加大文化产业的挖掘力度，用硬件为内容服务，从而推动旅游业升级换代和转型。如表 3-3 所示，2020—2022 年广西旅游机构数量保持稳定的增长状态。从表 3-4 可知，2021 年广西旅游管理部门和旅行社数量在著名旅游城市数量明显较多，排名前三位的是桂林、南宁、北海。由此可见，广西文化旅游机构随着广西文化旅游规模的增长而增加，为广西的文化旅游产业提供高质量服务奠定基础。

表 3-3　2020—2022 年广西旅游机构数量一览表

年份	旅游机构	旅行社	5A 级旅游景区	4A 级旅游景区	3A 级旅游景区	2A 级旅游景区	旅游景区总数
2020	292	881	7	275	302	13	597
2021	310	937	8	307	335	11	661
2022	315	1016	9	335	330	11	685

数据来源：《广西统计年鉴》。

表3-4　2021年广西各市旅游机构数量一览表

城市	旅游管理部门	旅行社	星级饭店	五星	四星	三星	二星
总计	310	937	419	13	109	243	54
区直	4	—	—	—	—	—	—
南宁市	31	161	45	2	14	27	2
柳州市	24	52	43	2	10	25	6
桂林市	53	415	47	5	14	25	3
梧州市	15	27	35	0	2	19	14
北海市	13	86	27	1	7	15	4
防城港市	11	39	19	0	3	16	0
钦州市	12	13	16	1	1	13	1
贵港市	17	20	14	0	6	7	1
玉林市	17	24	22	0	7	10	5
百色市	26	21	24	0	7	17	0
贺州市	16	22	26	0	7	15	4
河池市	34	37	46	0	12	29	5
来宾市	17	9	10	1	2	5	2
崇左市	20	11	45	1	17	20	7

数据来源：2022年《广西统计年鉴》。

三、广西文化旅游产业经济发展情况

由表3-5可知，广西文化及相关产业在2016—2019年间保持稳定的发展，其增加值由449.11亿元增长至501.00亿元。而广西旅游总人数与总收入得到了大幅提升，旅游总人数由4.09亿人次增长至8.76亿人次，旅游总收入由4191.36亿元增长至10241.44亿元，广西旅游总收入在2019年首次突破万亿元大关。受到新冠疫情的影响，2020年广西的过境游客与国际旅游收入大幅减少，但国内旅游人数与消费水平仍能与2018年保持较接近的发展水平，说明疫情对广西文化旅游产业影响程度不大。另外，据广西壮族自治区文化和旅游厅 2021—2023 年旅游主要指标，① 2021 年全区共接待国内游客 7.98 亿人次，同比增长 20.7%；实现国内旅游消费 9062.99 亿元，同比增长 24.7%；2022 年受疫情影响，全区累计接待国内游客 5.89 亿人次，实现国内旅游收入 6418.33 亿元；2023 年全区累计接待国内游客 8.49 亿人次，按可比口径同比增长 81.7%；实现国内旅游收入 9211.17 亿元，按可比口径同比增长 70.0%。由此可见，广西主要依靠国内旅游消费市场拉动旅游总消费的增长。

表 3-5 "十三五"时期广西文化和旅游主要经济指标完成情况一览表

年份	文化及相关产业增加值（亿元）	旅游总人数（亿人次）	旅游总收入（亿元）	国内游客人数（亿人次）	国内旅游收入（亿元）	入境过夜游客人数（万人次）	国际旅游收入（亿美元）
2016	449.11	4.09	4191.36	4.04	4047.65	482.52	21.64
2017	479.97	5.23	5580.36	5.18	5418.61	512.44	23.96
2018	448.35	6.83	7619.90	6.78	7436.08	562.33	27.78
2019	501.00	8.76	10241.44	8.70	9998.82	623.96	35.11
2020	—	6.61	7267.53	6.61	7262.08	24.68	0.79
2016—2019 年年均增长（%）	4.3	26.6	33.2	26.8	33.6	8.5	16.3

数据来源：广西壮族自治区文化和旅游厅。

广西壮族自治区文化和旅游厅积极加大文化和旅游产业的投入，加强重大项目谋划储备，支持各地建设一批主题鲜明、产业融合度高、示范性强的文旅产业项目。如表 3-6 所示，2019—2020 年，广西文化和旅游事业费提高，文化和旅游事业费占财政支出的比重从 0.43% 提高到 0.52%。2021 年受到新冠疫情的影响，部分费用支出用于支持公共卫生服务方面，但广西文化和旅

---

① 广西壮族自治区文化和旅游厅政策法规处. 旅游主要指标 [EB/OL]. 广西壮族自治区文化和旅游厅网站，2024-02-04.

游事业费占财政支出比重仍为 0.43%，人均文化和旅游事业费 49.22 元与 2019 年保持同一水平。由此可见，文化和旅游事业已成为广西财政事业的重要支出，广西对文化和旅游事业的投入是广西民族传统体育与文化旅游产业融合发展重要的经济保障。

表 3-6　2019—2021 年广西文化和旅游事业费

年份	文化和旅游事业费（万元）	文化和旅游事业费占财政支出比重（%）	人均文化和旅游事业费（元）
2019	251940	0.43	50.79
2020	322285	0.52	64.29
2021	247902	0.43	49.22

数据来源：2022 年《广西统计年鉴》。

第四章

大健康产业背景下广西民族传统体育与文化旅游产业融合评价指标的构建

目前,国内外关于民族传统体育与文化旅游产业融合度的测量和评价相对较少,产业融合是将多种行业形势联动、融合发展而形成一种新型的产业集群。运用产业融合理论从大健康产业视角分析广西民族传统体育与文化旅游产业的融合问题,其包含的内容较多且复杂,不同的内容对融合度的影响也存在差异,难以单纯地用定性或定量的方法去衡量。国内外对产业融合因素与关联性的量化研究主要采用的是赫芬达尔系数法、相关系数法、熵指数法、灰色关联分析法、贡献度测量法、投入产出法、AHP-模糊综合评价法等。基于对上述研究方法的分析,本书采用层次分析法和模糊综合评价法对大健康产业背景下广西民族传统体育与文化旅游产业的融合指标进行构建和评价,将所研究的问题转化为多层次、单目标的问题,挖掘影响大健康产业背景下民族传统体育与文化旅游融合发展的因素,以期为产业深度融合发展提供一定的参考与借鉴。因此,本书首先运用层次分析法构建大健康产业背景下广西民族传统体育与文化旅游产业融合指标体系,主要包括三个步骤:第一步,构建层次评价模型;第二步,构建评价指标的权重判断矩阵,进行一致性检验;第三步,计算指标权重结果及层次总排序。

第一节　基于构成要素分析的评价指标的构建

在大健康产业背景下,本书在对广西民族传统体育与文化旅游产业融合度的评价要素及具体指标的选择过程中,采用文献研究法与专家访谈法,依据大健康产业背景下广西民族传统体育与文化旅游产业的融合特性构建了评价层次，最后选取反映大健康产业背景下广西民族传统体育与文化旅游产业融合度的主要因素，从而制定科学的、可行的融合指标体系。

一、基于文献研究法的融合指标体系筛选

经过系统的文献搜集与整理，本研究对中国知网、万方、Web of Science等权威数据库进行了深度检索，并同步参考了广西民族博物馆、广西图书馆等实体机构所收藏的相关资料。在检索过程中，紧扣"大健康产业""文化旅游""广西民族传统体育""融合发展"等核心关键词，广泛收集了与之相关的文献资料。经过细致的梳理与统计，围绕"体育与文化旅游融合指标"，共筛选出113篇与主题联系紧密的文献资料。随后，根据研究目标和实际需要，剔除了5篇与本研究目的不直接相关的文献，最终确定了108篇与论文研究目的紧密相关的资料作为本研究的基础，其中包括中文文献88篇和英文文献20篇。

在此基础上，本研究对提炼出的关于民族体育旅游效益、非遗文化旅游效益以及运动康养服务等多方面的评价思路、指标及准则，以及其中涵盖的资源、市场、功能以及技术融合等相关指标，进行了详尽的罗列，并运用频度分析方法，筛选出使用频率较高、最具代表性的指标。同时结合大健康产业背景，对广西民族传统体育与文化旅游产业融合的内容进行了全面的归纳和整理。经过细致的筛选与整理，研究初步确定了大健康产业背景下广西民族传统体育与文化旅游产业融合的34个核心指标，如表4-1所示。

表4-1 大健康产业背景下广西民族传统体育与文化旅游产业融合初步筛选指标

指标层	产业融合评价重点
运动休闲价值 D1	在大健康产业背景下民族传统体育与文化旅游产业融合带来的运动与休闲价值
民族文化传承价值 D2	大健康产业背景下民族传统体育与文化旅游产业融合对于促进民族文化传承的价值与作用

续表

指标层	产业融合评价重点
健康服务价值 D3	大健康产业背景下民族传统体育与文化旅游产业融合对健康养生领域的价值
健康旅游品牌路线影响力 D4	旅游路线在健康养生方面的影响力
适游期或适应范围 D5	参与旅游的游客类型、种类的多少以及旅游的旺季与淡季区别
交通条件 D6	广西道路交通情况
地理条件 D7	广西自然生态地理条件情况
经济条件 D8	广西经济发展情况
人才条件 D9	文化旅游产业管理人才体系
民族传统体育文化旅游种类 D10	民族传统体育与文化旅游产业融合的种类数量
健康旅游示范基地数量 D11	健康养生旅游示范基地的总量
民族传统体育文化创意旅游产品数量 D12	民族传统体育文化创意商品的数量多少
客源市场潜力 D13	客源在市场上的潜力如何
运动康养需要 D14	市场上对运动养生的需求如何
文化传承需求 D15	市场上对文化传承的需求如何
文化旅游投资与开发政策 D16	政府在文化旅游投资与开发方面的政策设计情况如何
关于健康产业的政策与措施 D17	政府在健康养生产业方面的政策颁布与实施情况如何
市场开发者对运动养生的认知 D18	市场开发者对于运动养生价值的认知程度
市场开发者对民族传统文化的认知 D19	市场开发者对于民族传统文化的认同与认知程度
政府支持力度 D20	政府在资金上的支持力度

续表

指标层	产业融合评价重点
企业投资环境 D21	企业在投资时的金融环境
经济利益 D22	融合市场的经济效益如何
健康休闲效果 D23	融合的健康休闲效益如何
文化传承保护程度 D24	融合的文化传承保护程度如何
参与性 D25	融合的参与程度
观赏性 D26	融合的观赏度
地域文化 D27	地域文化功能的融合情况
民族文化 D28	广西民族文化功能的融合情况
历史文化 D29	本地历史文化功能的融合情况
身体健康 D30	在提升游客身体健康方面的举措
心理健康 D31	在提升游客心理健康方面的举措
融合产品市场创新 D32	融合产品在市场上的创新情况
融合产品管理创新 D33	融合产品管理上的创新情况
民族传统体育文化旅游特色形式 D34	民族传统体育文化旅游特色产品的创新情况

二、基于专家访谈法的融合指标体系完善

经过对文献资料的详尽梳理，并结合当前大健康产业时代背景下广西民族传统体育所独具的特色与广西文化旅游产业特点，研究初步归纳并总结出四个功能指标分类，共计涵盖了 34 个产业融合评价指标。然而，理论层面的研究成果与大健康产业背景下广西民族传统体育与文化旅游产业的实际融合程度之间仍存在一定的差距。同时，理论研究的成果最终应当服务于多元产业的深度融合与发展。

鉴于此，课题组进一步开展了实地调研工作，深入走访了广西民族传统

体育活动的开展现场，并与参与文化旅游产业项目开发的专家、地方民族传统体育开发管理领域的专家进行了深入的访谈交流。在访谈前，课题组精心设计了访谈提纲，以确保调研的针对性和有效性。在正式访谈过程中，课题组向受访者详细介绍了本次研究的目的和意义，并将初步构建的大健康产业背景下广西民族传统体育与文化旅游产业融合指标体系呈现给受访者，认真听取了他们对指标体系的意见和建议。根据这些宝贵的反馈，本书对指标体系进行了三轮相应的修改和完善，以更好地反映实际融合情况并提升指标体系的科学性和实用性。

　　本次访谈活动定于 2023 年 5 月 24 日至 8 月 30 日进行，访谈地点分别设在广西师范大学、广西民族大学、广西大学以及广西壮族自治区文化和旅游厅。在访谈期间，项目负责人负责与受访者进行深入沟通，而其余项目成员则承担访谈过程的记录工作，并协助收集相关数据。经过与相关领域主要负责人的初步交流，课题组中选择 10 位专家学者参与此次访谈，其中包括来自广西大学民族传统体育和旅游管理方向的 2 位教授、广西师范大学体育和旅游产业管理方向的 2 位教授、广西民族大学民族文化与民俗节庆领域的 2 位专家、广西师范大学民族传统体育和旅游管理专业的 2 位教授以及广西壮族自治区文化和旅游厅的 1 位负责人。此次访谈共计进行了 3 轮，每次访谈的时间控制在 2 个小时左右。

　　在本次访谈中，访谈人员深入剖析了本次对话的核心目标及项目总体情况，并恳切地向各位专家征询了关于构建多维度评价指标体系的宝贵意见和建议，以期进一步完善和优化项目实施方案。若专家对具体评价指标提出删除或补充的观点，就将这些观点与专家进行深入探讨，以便全面了解专家的具体思路及增减依据。整个访谈过程被全程录音，并在当天整理录音资料，基于当天访谈内容对后续访谈问题进行必要的微调。

　　在交流中，广西大学民族传统体育和旅游管理方向的教授特别强调了民族传统体育文化旅游特色产品在推动民族体育旅游产业繁荣中的关键作用。因此，该教授建议将"民族传统体育文化旅游特色产品"作为一项关键评价指标纳入整个体系之中。来自广西文化和旅游厅的专家也分享了他的见解。该专家认为，产业体制的创新是推动产业融合发展的重要驱动力。通过跨界融合，不同产业间可以实现资源的互补与共享，提升技术、人才和资金的利用效率，进而增强整体产业的竞争力。在与广西师范大学体育旅游方向的教授进行访谈时，教授认为文化旅游产业的发展是民族传统体育产业发展的前提，在研究产业的资源融合就需要了解当地在文化旅游产业融合发展方面的情况。此外，广西文化和旅游厅的一位负责人在交流中指出，组织部门在推动旅游产业融合发展方面扮演着重要的角色，不仅具备推动产业融合的能力，更能有效促进多产业之间的联动与发展。

在深入研讨多位学者专家的宝贵意见后，本研究依托初步构建的大健康产业框架下广西民族传统体育与文化旅游产业融合指标体系，进一步增补了"组织部门条件""文化旅游产业发展""民族传统体育文化旅游特色产品"与"融合产业体制创新"四项至关重要的质量评价指标，最终确定为 38 个核心指标。详细情况参见表 4-2。

表 4-2　大健康产业背景下广西民族传统体育与文化旅游产业融合度评价指标体系

目标层	系统层	要素层	指标层
大健康产业背景下广西民族传统体育与文化旅游产业融合度评价指标体系 A	资源融合 B1	民族传统体育与文化旅游产业资源的价值 C1	运动休闲价值 D1 民族文化传承价值 D2 健康服务价值 D3
		民族传统体育与文化旅游资源的影响力 C2	健康旅游品牌路线影响力 D4 适游期或适应范围 D5
		资源融合条件 C3	交通条件 D6 地理条件 D7 经济条件 D8 人才条件 D9 组织部门条件 D10 文化旅游产业发展 D11
		资源融合现状 C4	民族传统体育文化旅游种类 D12 健康旅游示范基地数量 D13 民族传统体育文化创意旅游产品数量 D14

续表

目标层	系统层	要素层	指标层
大健康产业背景下广西民族传统体育与文化旅游产业融合度评价指标体系 A	市场融合 B2	市场需求 C5	客源市场潜力 D15 运动康养需要 D16 文化传承需求 D17
		利益因素 C6	文化旅游投资与开发政策 D18 关于健康产业的政策与措施 D19 市场开发者对运动养生的认知 D20 市场开发者对民族传统文化的认识 D21
		金融支持 C7	政府支持力度 D22 企业投资环境 D23
		效益影响 C8	经济利益 D24 健康休闲效果 D25 文化传承保护程度 D26
	功能融合 B3	休闲娱乐功能 C9	参与性 D27 观赏性 D28
		文化传播功能 C10	地域文化 D29 民族文化 D30 历史文化 D31
		健康服务功能 C11	身体健康 D32 心理健康 D33
	技术融合 B4	融合业态的技术创新 C12	融合产业体制创新 D34 融合产品市场创新 D35 融合产品管理创新 D36
		产品的技术创新 C13	民族传统体育文化旅游特色产品 D37 民族传统体育文化旅游特色形式 D38

第二节　广西民族传统体育与文化旅游产业融合评价指标权重的计算

在构建指标体系的过程中，不同评价指标所反映的内容具有显著差异性。有些指标涵盖内容广泛，因此在整个评价体系中占据较为重要的位置；而有些指标则涉及内容相对较少，所占比重相对较低。针对这种情况，需要充分利用专家评分的结果，通过量化的方式来确定不同指标的权重，以便更准确地反映各指标在评价体系中的实际重要程度。权重值一般介于 0~1 之间，权重值越大，表明该指标在整体评价体系中的影响力越大。

一、层次分析法理论

在大健康产业背景下，层次分析法在广西民族传统体育与文化旅游产业的融合应用过程中，能够精准地将民族传统体育与文化旅游产业的融合程度细化为多个层次，并确立不同的层级结构。本书将不同的融合指标进行综合分析，确定一个因素的相对重要度。层次分析法在大健康产业背景下广西民族传统体育与文化旅游产业的融合程度的运用上主要包括下面两个步骤。

（一）构建判断（成对比较）矩阵

构建大健康产业背景下广西民族传统体育与文化旅游产业融合指标的评价体系 n 个指标，即 A_1，A_2，A_3，…，A_n。用 M_1，M_2，M_3，…，M_n 形容重要程度。在此基础上得到大健康产业背景下广西民族传统体育与文化旅游产业融合的判断矩阵 A。

$$A = \begin{pmatrix} M_1/M_1 & M_1/M_2 & \cdots & M_1/M_n \\ M_2/M_1 & M_2/M_2 & \cdots & M_2/M_n \\ M_3/M_1 & M_3/M_2 & \cdots & M_3/M_n \\ \cdots\cdots \\ M_n/M_1 & M_n/M_2 & \cdots & M_n/M_n \end{pmatrix} = (a_{ij})_{n \times n}$$

（二）层次单排序及一致性检验

用几何平均法可以计算特征值的近似值，特征值和特征向量的计算公式与步骤如下。

第一，将判断矩阵各行连乘：

$$a_i = \prod_{j=1}^{n} a_{ij} \tag{4.1}$$

第二，将各行连乘结果开 n 次方，得到特征向量 b：

$$b = (\prod_{j=1}^{n} a_{ij})^{\frac{1}{n}} \tag{4.2}$$

第三，将 b 归一化，得到指标权重向量 w：

$$w = (w_0, w_1, w_2, \cdots, w_n)^T \qquad (4.3)$$

$$w_i = \frac{b_i}{\sum b_i} \qquad (4.4)$$

第四，求指标权重向量 w 对应的最大特征值：

$$\lambda_{max} = \frac{1}{n} \sum_i \frac{A w_i}{w_i} \qquad (4.5)$$

第五，经过前面的计算后，需要进行一致性检验，首先计算一致性指标 CI：

$$CI = \frac{\lambda_{max} - n}{n - 1} \qquad (4.6)$$

RI 值可以通过查表获得，是发明 AHP 方法的专家构造的，一致性指标 RI 与 N 阶矩阵对应表如表 4-3 所示。

表 4-3　一致性指标 RI 与 N 阶矩阵对应表

N	1	2	3	4	5	6	7	8	9	10
RI	0	0	0.58	0.90	1.12	1.24	1.32	1.41	1.45	1.49

第六，计算一致性比 CR，$CR = \dfrac{CI}{RI}$，如果 CR 大于 0.1 则需要对指标重新进行修改。

二、构建评价指标的权重判断矩阵

多轮修改后，本书最后确定的大健康产业背景下广西民族传统体育与文化旅游产业融合度评价指标体系包括以下层次内容。目标层：大健康产业背景下广西民族传统体育与文化旅游产业融合度。系统层：资源融合 B1、市场融合 B2、功能融合 B3、技术融合 B4。要素层：民族传统体育与文化旅游产业资源的价值 C1、民族传统体育与文化旅游资源的影响力 C2、资源融合条件 C3、资源融合现状 C4、市场需求 C5、利益因素 C6、金融支持 C7、效益影响 C8、休闲娱乐功能 C9、文化传播功能 C10、健康服务功能 C11、融合业态的技术创新 C12、产品的技术创新 C13。指标层：运动休闲价值 D1、民族文化传承价值 D2、健康服务价值 D3、健康旅游品牌路线影响力 D4、适游期或适应范围 D5、交通条件 D6、地理条件 D7、经济条件 D8、人才条件 D9、组织部门条件 D10、文化旅游产业发展 D11、民族传统体育文化旅游种类 D12、健康旅游示范基地数量 D13、民族传统体育文化创意旅游产品数量 D14、客源市场潜力 D15、运动康养需要 D16、文化传承需求 D17、文化旅游投资与开发政策 D18、关于健康产业的政策与措施 D19、市场开发者对运动养生的认知 D20、市场开发者对民族传统文化的认知 D21、政府支持力度 D22、企业投资环境 D23、经济利益 D24、健康休闲效果 D25、文化传承保护程度 D26、参与性 D27、观赏性 D28、地域文化 D29、民族文化 D30、历史文化 D31、身体健康 D32、心理健康 D33、融合产业体制创新 D34、融合产品市场创新 D35、融合产品管理创新 D36、民族传统体育文化旅游特色产品 D37、民族传统体育文化旅游特色形式 D38。研究还运用层次分析法，邀请对广西地区经济、产业、体育、文化、旅游发展等情况比较熟悉的专家学者共 10 位，对表 4-2 中每一层级的各个指标的重要性进行打分，形成判断矩阵，经过一致性检验以后，最后确定各个指标的总权重，具体计算步骤如下。

（一）A_{ij} 的 1~9 标度及其含义

所谓判断矩阵是以矩阵的形式来表述每一层次中各要素相对其上层要素的相对重要程度。为了使各要素之间进行两两比较得到量化的判断矩阵，研究引入 1~9 标度法，如表 4-4 所示。

表 4-4　A_{ij} 的标度及其含义

指标度 A_{ij}	比较指标含义	比值
9	绝对重要	因素 i 与因素 j 相比
7	非常重要	因素 i 与因素 j 相比
5	很重要	因素 i 与因素 j 相比
3	较重要	因素 i 与因素 j 相比
1	同等重要	因素 i 与因素 j 相比

续表

指标度 A_{ij}	比较指标含义	比值
2、4、6、8	相邻标度中值	因素 i 与因素 j 相比
1/3	较不重要	因素 i 与因素 j 相比
1/5	很不重要	因素 i 与因素 j 相比
1/7	非常不重要	因素 i 与因素 j 相比
1/9	绝对不重要	因素 i 与因素 j 相比
1/2、1/4、1/6、1/8	相邻标度中值	因素 i 与因素 j 相比

（二）判断矩阵的权重计算

通过 10 位专家对大健康产业背景下广西民族传统体育与文化旅游产业融合指标进行各要素之间的对比打分，并计算均值得到两两比较的判断矩阵，以系统层 B1~B4 两两比较判断矩阵为例，打分结果如表 4-5 所示。

表 4-5　系统层 B1~B4 两两比较判断矩阵

系统层 A	资源融合 B1	市场融合 B2	功能融合 B3	技术融合 B4
资源融合 B1	1	1	8	9
市场融合 B2	1	1	4	3
功能融合 B3	1/8	1/4	1	1
技术融合 B4	1/9	1/3	1	1

首先，根据 10 位专家学者的 1~9 标度法的打分情况，并通过将各项数据进行累乘得出连乘的结果：

$$a = \prod_{j=1}^{n} a_{ij} = \begin{pmatrix} a_1 \\ a_2 \\ a_3 \\ a_4 \end{pmatrix} = \begin{pmatrix} 1 & 1 & 8 & 9 \\ 1 & 1 & 4 & 3 \\ 1/8 & 1/4 & 1 & 1 \\ 1/9 & 1/3 & 1 & 1 \end{pmatrix} = \begin{pmatrix} 72.0000 \\ 12.0000 \\ 0.0313 \\ 0.0370 \end{pmatrix}$$

其次，运用开 n 次方的方法，得到特征向量 b ：

$$b = (\prod_{j=1}^{n} a_{ij})^{\frac{1}{n}} = \begin{pmatrix} b_1 \\ b_2 \\ b_3 \\ b_4 \end{pmatrix} = (a_i)^{\frac{1}{4}} = \begin{pmatrix} 2.9130 \\ 1.8612 \\ 0.4204 \\ 0.4387 \end{pmatrix}$$

然后，通过将 b 进行归一化得到指标权重向量 w ：

$$w = \frac{b_i}{\sum b_i} = \left(\frac{2.9130}{5.6333}, \frac{1.8612}{5.6333}, \frac{0.4204}{5.6333}, \frac{0.4387}{5.6333} \right)^T$$

$$= (0.5171, 0.3304, 0.0746, 0.0779)^T$$

再者，通过计算权重向量 w 对应的最大特征值：

$$Aw = \begin{pmatrix} 1 & 1 & 8 & 9 \\ 1 & 1 & 4 & 3 \\ 1/8 & 1/4 & 1 & 1 \\ 1/9 & 1/3 & 1 & 1 \end{pmatrix} \begin{pmatrix} 0.5171 \\ 0.3304 \\ 0.0746 \\ 0.0779 \end{pmatrix} = \begin{pmatrix} 2.1455 \\ 1.3797 \\ 0.2997 \\ 0.3201 \end{pmatrix}$$

$$\lambda_{max} = \frac{\left(\frac{2.1455}{0.5171} + \frac{1.3797}{0.3407} + \frac{0.2997}{0.2865} + \frac{0.3201}{0.2026} \right)}{4} = 4.1128$$

最后对于该判断矩阵，进行一致性检验得知： $n = 4$ ， $RI = 0.90$ ， $CI = (4.1128-4) / 3 = 0.0376$ ， $CR = 0.0376/0.90 = 0.0418 < 0.1$ 。故判断矩阵 B 通过一致性检验，可以成立。

因此，计算得到的资源融合 B1、市场融合 B2、功能融合 B3、技术融合 B4 指标权重分别为 0.5171、0.3304、0.0746、0.0779。同理，再计算资源融合 B1、市场融合 B2、功能融合 B3、技术融合 B4 下各要素层、指标层的指标权重，具体判断矩阵、权重结果以及一致性检验结果如表 4-6 至表 4-22 所示。

1. 资源融合 B1 下的两两比较判断矩阵

如表 4-6 至表 4-10 所示，B1、C1、C2、C3、C4 的比较矩阵都通过了一致性检验，矩阵可以成立。

表4-6 资源融合 B1 下两两比较判断矩阵

B1	C1	C2	C3	C4	权重	一致性检验
C1	1	1	1/3	1	0.1625	
C2	1	1	1/3	1	0.1625	$\lambda_{max}=4.0104$ $CI=0.0035$
C3	3	3	1	4	0.5238	$CR=0.0038$
C4	1	1	1/4	1	0.1512	

表4-7 民族传统体育与文化旅游产业资源的价值 C1 下两两比较判断矩阵

C1	D1	D2	D3	权重	一致性检验
D1	1	1/3	1/2	0.1634	$\lambda_{max}=3.0092$
D2	3	1	2	0.5396	$CI=0.0046$
D3	2	1/2	1	0.2970	$CR=0.0079$

表4-8 民族传统体育与文化旅游资源的影响力 C2 下两两比较判断矩阵

C2	D4	D5	权重	一致性检验
D4	1	1	0.5000	$\lambda_{max}=2$
				$CI=0$
D5	1	1	0.5000	$CR=0$

表4-9 资源融合条件 C3 下两两比较判断矩阵

C3	D6	D7	D8	D9	D10	D11	权重	一致性检验
D6	1	1	1/2	2	4	1	0.1920	
D7	1	1	1/2	2	3	1	0.1830	
D8	2	2	1	2	3	1	0.2588	$\lambda_{max}=6.1488$
D9	1/2	1/2	1/2	1	2	1	0.1210	$CI=0.0298$
D10	1/4	1/3	1/3	1/2	1	1/3	0.0622	$CR=0.0240$
D11	1	1	1	1	3	1	0.1830	

表 4-10 资源融合现状 C4 下两两比较判断矩阵

C4	D12	D13	D14	权重	一致性检验
D12	1	3	2	0.5499	$\lambda max = 3.0183$ $CI = 0.0091$ $CR = 0.0158$
D13	1/3	1	1	0.2098	
D14	1/2	1	1	0.2402	

2. 市场融合 B2 下的两两比较判断矩阵

如表 4-11 至表 4-15 所示，B2、C5、C6、C7、C8 的比较矩阵都通过了一致性检验，矩阵可以成立。

表 4-11 市场融合 B2 下两两比较判断矩阵

B2	C5	C6	C7	C8	权重	一致性检验
C5	1	1	1	1/2	0.2026	$\lambda_{max} = 4.1836$ $CI = 0.0612$ $CR = 0.0680$
C6	1	1	2	2	0.3407	
C7	1	1/2	1	1/2	0.1703	
C8	2	1/2	2	1	0.2865	

表 4-12 市场需求 C5 下两两比较判断矩阵

C5	D15	D16	D17	权重	一致性检验
D15	1	2	3	0.5396	$\lambda_{max} = 3.0092$ $CI = 0.0046$ $CR = 0.0079$
D16	1/2	1	2	0.2970	
D17	1/3	1/2	1	0.1634	

表 4-13　利益因素 C6 下两两比较判断矩阵

C6	D18	D19	D20	D21	权重	一致性检验
D18	1	3	3	3	0.4930	
D19	1/3	1	2	1	0.1954	$\lambda_{max} = 4.0604$
D20	1/3	1/2	1	1/2	0.1162	$CI = 0.0201$
D21	1/3	1	2	1	0.1954	$CR = 0.0224$

表 4-14　金融支持 C7 下两两比较判断矩阵

C7	D22	D23	权重	一致性检验
D22	1	2	0.6667	$\lambda_{max} = 2$
D23	1/2	1	0.3333	$CI = 0$ $CR = 0$

表 4-15　效益影响 C8 下两两比较判断矩阵

C8	D24	D25	D26	权重	一致性检验
D24	1	3	5	0.6586	
D25	1/3	1	1	0.1852	$\lambda_{max} = 3.0291$ $CI = 0.0145$
D26	1/5	1	1	0.1562	$CR = 0.0079$

3. 功能融合 B3 下的两两比较判断矩阵

如表 4-16 至表 4-19 所示，B3、C9、C10、C11 的比较矩阵都通过了一致性检验，矩阵可以成立。

表 4-16　功能融合 B3 下两两比较判断矩阵

B3	C9	C10	C11	权重	一致性检验
C9	1	1/2	1	0.6586	
C10	2	1	1	0.1852	$\lambda_{max} = 3.0291$ $CI = 0.0145$
C11	1	1	1	0.1562	$CR = 0.0079$

表 4-17　休闲娱乐功能 C9 下两两比较判断矩阵

C9	D27	D28	权重	一致性检验
D27	1	1	0.5000	$\lambda_{max}=2$
D28	1	1	0.5000	$CI=0$ $CR=0$

表 4-18　文化传播功能 C10 下两两比较判断矩阵

C10	D29	D30	D31	权重	一致性检验
D29	1	1/4	1	0.1744	
D30	4	1	3	0.6337	$\lambda_{max}=3.0092$ $CI=0.0046$ $CR=0.0079$
D31	1	1/3	1	0.1919	

表 4-19　健康服务功能 C11 下两两比较判断矩阵

C11	D32	D33	权重	一致性检验
D32	1	1	0.5000	$\lambda_{max}=2$
D33	1	1	0.5000	$CI=0$ $CR=0$

4. 技术融合 B4 下的两两比较判断矩阵

如表 4-20 至表 4-22 所示，B4、C12、C13 的比较矩阵都通过了一致性检验，矩阵可以成立。

表 4-20　技术融合 B4 下两两比较判断矩阵

B4	C12	C13	权重	一致性检验
C12	1	2	0.6667	$\lambda_{max}=2$
C13	1/2	1	0.3333	$CI=0$ $CR=0$

表 4-21　融合业态的技术创新 C12 下两两比较判断矩阵

C12	D34	D35	D36	权重	一致性检验
D34	1	1/3	1	0.2098	$\lambda_{max}=3.0183$
D35	3	1	2	0.5499	$CI=0.0091$
D36	1	1/2	1	0.2402	$CR=0.0158$

表 4-22　健康服务功能 C13 下两两比较判断矩阵

C13	D37	D38	权重	一致性检验
D37	1	1	0.5000	$\lambda_{max}=2$
D38	1	1	0.5000	$CI=0$
				$CR=0$

三、指标权重结果及层次总排序

计算出要素层和指标层的各项指标权重之后，为了更好地比较各指标层的重要度大小，需要计算其全局权重，计算方法为各指标层权重乘以其对应的要素层权重再乘以其对应的系统层权重。最后对层次分析法所得到的权重值进行整理，得到最终权重及排序如表 4-23 所示。

通过表 4-23 中的各指标权重总排序可以发现，大健康产业背景下广西民族传统体育与文化旅游产业融合评价体系包括资源融合 B1、市场融合 B2、功能融合 B3、技术融合 B4 四个系统层指标，权重分别为 0.5171、0.3304、0.0746、0.0779，基于这些权重数据，我们可以明确系统层指标的权重顺序是 B1>B2>B4>B3。这也说明在大健康产业背景下广西民族传统体育与文化旅游产业融合的权重中，资源融合和市场融合两个评价指标在整个评价体系中的重要度较高，功能融合指标在整个评价体系中的权重最低。

结合表 4-6 至表 4-22 层次分析法得出的权重数值，对系统层下的要素层进行排序，结果如下。

资源融合 B1 下的各要素包括民族传统体育与文化旅游产业资源的价值 C1、民族传统体育与文化旅游资源的影响力 C2、资源融合条件 C3、资源融合现状 C4 四个要素，其要素权重分别是 0.1625、0.1625、0.5238、0.1512；基于权重数据的排序为 C3>C1=C2>C4。说明在大健康产业背景下广西民族传统体育与文化旅游产业资源融合中，资源融合条件作为融合基础最重要。

市场融合 B2 下的各要素包括市场需求 C5、利益因素 C6、金融支持 C7、效益影响 C8，其各要素权重分别为 0.2026、0.3407、0.1703、0.2865，基于权重数据的排序是 C6>C8>C5>C7。说明在大健康产业背景下广西民族传统体育与文化旅游产业市场融合中，利益因素的重要性最高，其次是效益影响、市场需求，最后是金融支持。

功能融合 B3 下的各要素包括休闲娱乐功能 C9、文化传播功能 C10、健康服务功能 C11，其要素各权重分别为 0.2599、0.4126、0.3275，基于权重数据的排序是 C10>C11>C9。说明在大健康产业背景下广西民族传统体育与文化旅游产业功能融合中，文化传播功能占据首要地位，其次是健康服务功能，最后是休闲娱乐功能。

技术融合 B4 下的各要素包括融合业态的技术创新 C12、产品的技术创新 C13，其各要素权重分别为 0.6667、0.3333，基于权重数据的排序是 C12>C13。说明在大健康产业背景下广西民族传统体育与文化旅游产业技术融合中，融合业态的技术创新占据主导地位，产品的技术创新次之。

而指标层的权重赋值如表排序，其中权重最重要的前三个指标是经济条件 D8（0.0701）、经济利益 D24（0.0623）、文化旅游投资与开发政策 D18（0.0555），说明大健康产业背景下广西民族传统体育与文化旅游产业融合需要重点应对这三方面内容。

以上内容主要对大健康产业背景下广西民族传统体育与文化旅游产业融合评价体系进行了综合分析，具体操作中，首先通过文献资料法对指标体系进行初步筛选，接着运用专家访谈的方法得出需要删减、增加或替换的要素指标，最终得到大健康产业背景下广西民族传统体育与文化旅游产业融合评价体系。然后，通过运用层次分析法对大健康产业背景下广西民族传统体育与文化旅游产业融合评价指标进行量化分析，可以有效避免主观赋权法带来的主观性，在有序的信息中提取出各个指标的熵值，实现对产业融合评价指标的科学评价。

表 4-23　大健康产业背景下广西民族传统体育与文化旅游产业融合指标权重总排序

目标层	系统层	要素层	指标层	权重	排序
大健康产业背景下广西民族传统体育与文化旅游产业融合度评价指标体系 A	资源融合 B1（0.5171）	民族传统体育与文化旅游产业资源的价值 C1（0.1625）	运动休闲价值 D1（0.1634）	0.0137	26
			民族文化传承价值 D2（0.5396）	0.0453	7
			健康服务价值 D3（0.2970）	0.0250	15
		民族传统体育与文化旅游资源的影响力 C2（0.1625）	健康旅游品牌路线影响力 D4（0.5000）	0.0420	9
			适游期或适应范围 D5（0.5000）	0.0420	9
		资源融合条件 C3（0.5238）	交通条件 D6（0.1920）	0.0520	4
			地理条件 D7（0.1830）	0.0496	5
			经济条件 D8（0.2588）	0.0701	1
			人才条件 D9（0.1210）	0.0328	13
			组织部门条件 D10（0.0622）	0.0169	23
			文化旅游产业发展 D11（0.1830）	0.0496	5
		资源融合现状 C4（0.1512）	民族传统体育文化旅游种类 D12（0.5499）	0.0430	8
			健康旅游示范基地数量 D13（0.2098）	0.0164	24
			民族传统体育文化创意旅游产品数量 D14（0.2402）	0.0188	20

目标层	系统层	要素层	指标层	权重	排序
大健康产业背景下广西民族传统体育与文化旅游产业融合度评价指标体系 A	市场融合 B2（0.3304）	市场需求 C5（0.2026）	客源市场潜力 D15（0.5396）	0.0361	12
			运动康养需要 D16（0.2970）	0.0199	18
			文化传承需求 D17（0.1634）	0.0109	33
		利益因素 C6（0.3407）	文化旅游投资与开发政策 D18（0.4930）	0.0555	3
			关于健康产业的政策与措施 D19（0.1954）	0.0220	16
			市场开发者对运动养生的认知 D20（0.1162）	0.0131	27
			市场开发者对民族传统文化的认知 D21（0.1954）	0.0220	16
		金融支持 C7（0.1703）	政府支持力度 D22（0.6667）	0.0375	11
			企业投资环境 D23（0.3333）	0.0188	21
		效益影响 C8（0.2865）	经济利益 D24（0.6586）	0.0623	2
			健康休闲效果 D25（0.1852）	0.0175	22
			文化传承保护程度 D26（0.1562）	0.0148	25
	功能融合 B3（0.0746）	休闲娱乐功能 C9（0.2599）	参与性 D27（0.5000）	0.0097	35
			观赏性 D28（0.5000）	0.0097	35
		文化传播功能 C10（0.4126）	地域文化 D29（0.1744）	0.0054	38
			民族文化 D30（0.6337）	0.0195	19
			历史文化 D31（0.1919）	0.0059	37
		健康服务功能 C11（0.3275）	身体健康 D32（0.5000）	0.0122	31
			心理健康 D33（0.5000）	0.0122	31
	技术融合 B4（0.0779）	融合业态的技术创新 C12（0.6667）	融合产业体制创新 D34（0.2098）	0.0109	34
			融合产品市场创新 D35（0.5499）	0.0286	14
			融合产品管理创新 D36（0.2402）	0.0125	30
		产品的技术创新 C13（0.3333）	民族传统体育文化旅游特色产品 D37（0.5000）	0.0130	28
			民族传统体育文化旅游特色形式 D38（0.5000）	0.0130	28

第五章

大健康产业背景下广西民族传统体育与文化旅游产业融合的模糊综合评价

对大健康产业背景下广西民族传统体育与文化旅游产业融合度进行评价，需借助构建的融合指标评价体系以及指标权重，运用模糊综合评价法对大健康产业背景下广西民族传统体育与文化旅游产业的融合度进行综合量化分析。具体的评价流程见图5-1。

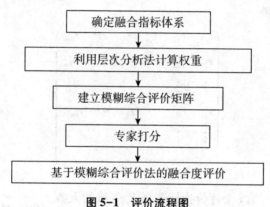

图5-1　评价流程图

第一节　模糊综合评价法的基本思路

通过前文确定的大健康产业背景下广西民族传统体育与文化旅游产业融合评价体系可以发现，多数评价指标在具体量化上存在较大的难度，很难通过具体的分值或者公式进行衡量，这也对评价方法的选择提出了要求。模糊综合评价法充分考虑到评价指标的模糊性和难以量化，可以实现对大健康产业与民族传统体育产业以及文化旅游产业的融合度评估。

　　模糊综合评价法是将整个项目不同维度的评价指标看作一个整体，充分借助模糊集理论知识，在已有各个层级指标的权重基础上，需要明确具体的评价尺度。具体方法是将综合评价得到的分数对照评价尺度表，判断产业融合指标所表示的融合情况。确定评级指标之后，即可确定由评价因素组成的集合，$U = (U_1, U_2, \cdots, U_n)$，$n$ 表示评价因素的数量。此外，通过将评价等级划分为很好、较好、一般、较差、很差五个层次，并用模糊评判向量 V 来表示 $V = (V_1, V_2, \cdots, V_m)$，$m$ 表示评价评语等级的数量。对于大健康产业背景下广西民族传统体育与文化旅游产业的融合指标体系，$n = 38$，$m = 5$。

　　大健康产业背景下广西民族传统体育与文化旅游产业融合情况，可以用对第 U_i 个评价指标作出的第 V_i 种评价尺度的概率大小进行衡量。在这个过程中，隶属度 r 就是对这种可能性大小的判断，可能性越大，隶属度 r 数值也就越高。最终可以得到大健康产业背景下广西民族传统体育与文化旅游产业融合度的隶属度矩阵

$$\begin{pmatrix} r_{11} & r_{12} & \cdots & r_{1j} & \cdots & r_{1m} \\ r_{21} & r_{22} & \cdots & r_{2j} & \cdots & r_{2m} \\ \vdots & \vdots & & \vdots & & \vdots \\ r_{i1} & r_{i2} & \cdots & r_{ij} & \cdots & r_{im} \\ \vdots & \vdots & & \vdots & & \vdots \\ r_{n1} & r_{n2} & \cdots & r_{nj} & \cdots & r_{nm} \end{pmatrix}$$

$$r_{ij} = \frac{\text{第 } i \text{ 个评价指标选择 } V_i \text{ 等级的人数}}{\text{总人数}} \quad (0 < r_{ij} < 1)$$

　　进一步，采用 AHP 确定各评价指标的权重系数，求出各指标的权重向量，进行归一化处理，即 $w = (w_1, w_2, \cdots, w_m)$，综合评定向量 $R = wr$，在这个计算公式中，w 表示大健康产业与体育文化旅游产业融合情况各个指标的权重数值，具体公式如下：

$$R = wr = (w_1, w_2, \cdots, w_m) \begin{pmatrix} r_{11} & r_{12} & \cdots & r_{1m} \\ r_{21} & r_{21} & \cdots & r_{2m} \\ \vdots & \vdots & \vdots & \vdots \\ r_{n1} & r_{n1} & \cdots & r_{nm} \end{pmatrix} = (b_1, b_2, \cdots, b_n)$$

在完成上述步骤后，对整个指标体系中的因素进行计算，该指数用 S 表示，$S=RV^T$。一般来说，S 的数值越高，那么融合水平越高；S 的数值越低，那么融合水平越低。

第二节 数据收集及处理

为深入探究大健康背景下广西民族传统体育与文化旅游产业融合的现状，本研究特邀业内专家和学者参与评分工作。共发放 289 份专家调查问卷，实际回收问卷 272 份，其中有效问卷 256 份，问卷的有效回收率高达 94.11%，并通过了信效度检验。随后，通过对问卷数据进行整理与分析，并计算各指标选项选择人数占总人数的比例，得出大健康产业背景下广西民族传统体育与文化旅游产业融合评价指标体系的隶属度。具体计算结果详见表 5-1。

表 5-1 问卷数据处理结果

指标/评价	很好	较好	一般	较差	很差
资源融合 B1	0.1021	0.1585	0.1971	0.3170	0.2253
市场融合 B2	0.0787	0.2222	0.1995	0.3006	0.1990
功能融合 B3	0.1016	0.1642	0.3882	0.2391	0.1069
技术融合 B4	0.0353	0.0598	0.1401	0.3385	0.4263
民族传统体育与文化旅游产业资源的价值 C1	0.2933	0.3062	0.2095	0.1644	0.0267
民族传统体育与文化旅游资源的影响力 C2	0.0527	0.0859	0.2031	0.3789	0.2793
资源融合条件 C3	0.0585	0.1179	0.1974	0.3479	0.2783
资源融合现状 C4	0.1010	0.2181	0.1760	0.3076	0.1973
市场需求 C5	0.1490	0.4450	0.1856	0.1343	0.0861
利益因素 C6	0.1001	0.3043	0.1612	0.2763	0.1581

指标/评价	很好	较好	一般	较差	很差
金融支持 C7	0.0182	0.0469	0.0742	0.4805	0.3802
效益影响 C8	0.0395	0.0712	0.3295	0.3401	0.2198
休闲娱乐功能 C9	0.1289	0.1777	0.4395	0.1602	0.0938
文化传播功能 C10	0.0860	0.1574	0.4252	0.2150	0.1164
健康服务功能 C11	0.0996	0.1621	0.3008	0.3320	0.1055
融合业态的技术创新 C12	0.0246	0.0419	0.0978	0.2763	0.5593
产品的技术创新 C13	0.0566	0.0957	0.2246	0.4629	0.1602
运动休闲价值 D1	0.0391	0.0430	0.4883	0.3594	0.0703
民族文化传承价值 D2	0.4414	0.3438	0.1328	0.0625	0.0195
健康服务价值 D3	0.1641	0.3828	0.1953	0.2422	0.0156
健康旅游品牌路线影响力 D4	0.0195	0.0469	0.0859	0.4922	0.3555
适游期或适应范围 D5	0.0859	0.1250	0.3203	0.2656	0.2031
交通条件 D6	0.0352	0.1250	0.4570	0.2070	0.1758
地理条件 D7	0.2109	0.3594	0.1797	0.1328	0.1172
经济条件 D8	0.0156	0.0469	0.0859	0.4492	0.4023
人才条件 D9	0.0156	0.0586	0.0938	0.4844	0.3477
组织部门条件 D10	0.0469	0.0859	0.4531	0.2813	0.1328
文化旅游产业发展 D11	0.0234	0.0195	0.0820	0.5000	0.3750
民族传统体育文化旅游种类 D12	0.1758	0.3672	0.2344	0.1367	0.0859
健康旅游示范基地数量 D13	0.0117	0.0547	0.0859	0.4727	0.3750
民族传统体育文化创意旅游产品数量 D14	0.0078	0.0195	0.1211	0.5547	0.2969
客源市场潜力 D15	0.1484	0.4531	0.1719	0.1250	0.1016
运动康养需要 D16	0.1523	0.4258	0.2031	0.1563	0.0625

续表

指标/评价	很好	较好	一般	较差	很差
文化传承需求 D17	0.1445	0.4531	0.1992	0.1250	0.0781
文化旅游投资与开发政策 D18	0.1367	0.4258	0.1992	0.1797	0.0586
关于健康产业的政策与措施 D19	0.1406	0.4297	0.1914	0.1797	0.0586
市场开发者对运动养生的认知 D20	0.0117	0.0508	0.0820	0.4727	0.3828
市场开发者对民族传统文化的认知 D21	0.0195	0.0234	0.0820	0.5000	0.3750
政府支持力度 D22	0.0156	0.0469	0.0820	0.4727	0.3828
企业投资环境 D23	0.0234	0.0469	0.0586	0.4961	0.3750
经济利益 D24	0.0430	0.0898	0.4531	0.2813	0.1328
健康休闲效果 D25	0.0273	0.0352	0.0820	0.4805	0.3750
文化传承保护程度 D26	0.0391	0.0352	0.1016	0.4219	0.4023
参与性 D27	0.1406	0.1680	0.4648	0.1406	0.0859
观赏性 D28	0.1172	0.1875	0.4141	0.1797	0.1016
地域文化 D29	0.1250	0.2031	0.3906	0.1875	0.0938
民族文化 D30	0.0859	0.1641	0.4961	0.1445	0.1094
历史文化 D31	0.0508	0.0938	0.2227	0.4727	0.1602
身体健康 D32	0.1250	0.2031	0.3594	0.2266	0.0859
心理健康 D33	0.0742	0.1211	0.2422	0.4375	0.1250
融合产业体制创新 D34	0.0586	0.0820	0.2422	0.4727	0.1445
融合产品市场创新 D35	0.0156	0.0313	0.0547	0.2266	0.6719
融合产品管理创新 D36	0.0156	0.0313	0.0703	0.2188	0.6641
民族传统体育文化旅游特色产品 D37	0.0313	0.0703	0.2305	0.5508	0.1172
民族传统体育文化旅游特色形式 D38	0.0820	0.1211	0.2188	0.3750	0.2031

第三节　大健康产业背景下民族传统体育与文化旅游产业融合的模糊综合评价

一、建立评价结果集合

大健康产业背景下广西民族传统体育与文化旅游产业融合度在评价结果集合建立中，需要对可能出现的评价结果进行判断，然后进行有效归集，形成集合 V，$V= \{V_1, V_2, \cdots, V_n\}$。$n$ 为评语个数，n 的取值非常关键，如果取值数过大，那么整个项目的语义判断难度就会大大增加，如果取值过少，那么很难对整个大健康产业与广西民族传统体育及文化旅游产业融合进行量化分析。在这种情况下，选用李克特五分法，针对广西民族传统体育与文化旅游产业融合评价结果，设置 5 个评价等级，将质量等级分为很好、好、一般、较差、很差共 5 个类别，各等级对应的参数向量见表 5-2。

表 5-2　产业融合等级参数

等级	评语	评语区间	评价等级
V_1	很好	[84，100]	5
V_2	好	[68，84]	4
V_3	一般	[52，68]	3
V_4	较差	[36，52]	2
V_5	很差	[0，36]	1

二、确定因素层级关系

将因素集 $U = \{U_1, U_2, \cdots, U_n\}$ 按某种属性分成 S 个子因素集 U_1，U_2，$\cdots$，U_s。其中 U_1 为第一层次，主要由下一层级，也就是第二层级的 n 个因素决定，即 $U= \{U_{i1}, U_{i2}, \cdots, U_{in}\}$ 其中 $i=1, 2, 3, \cdots, s$，且满足 $n_1+n_2+\cdots+n_s=n$，$U_1 \cup U_2 \cup \cdots \cup U_s=U$。对任意的 $i \neq j$，$U_i \cup U_j \neq \varnothing$。对大健康产

业背景下广西民族传统体育与文化旅游产业融合评价来说，U_i 指的是系统层的 4 个指标，也就是资源融合 B1、市场融合 B2、功能融合 B3、技术融合 B4，而 U 指的是各个具体的指标层指标。

（一）建立指标层权重集合

在该步骤中，利用专家打分的结果，构建各个层次的判断矩阵，可以得到各个层级指标的权重数值。设第 i 类因素 U_i，$i = 1$，2，3，…，i，则该指标层权重向量为 $A = (w_1, w_2, …, w_i)$。

（二）建立因素层权重集合

参照指标层的做法，利用专家打分的结果，构建第二层次的判断矩阵，可以得到第二层次指标的权重数值。设第 i 类中的第 j 个因素 U_{ij} 的权重为 w_{ij}，其中 $i = 1$，2，3，…，i；$j = 1$，2，3，…，m，则因素权重向量为 $A = (w_{i1}, w_{i2}, w_{i3}, …, w_{im})$。

本书对大健康产业背景下广西民族传统体育与文化旅游产业融合情况进行模糊综合评价，通过对融合情况指标体系的分析，得出包括资源融合 B1、市场融合 B2、功能融合 B3、技术融合 B4 共 4 个系统层指标在内的 38 个评价指标。对于评价指标，运用层次分析法计算了各层指标的权重，具体见表 4-23。在此基础上，利用模糊综合分析，确定因素层级关系，分别对一级模糊综合评价、二级模糊综合评价进行计算，最终得到大健康产业背景下广西民族传统体育与文化旅游产业融合总体水平数值。

三、模糊综合评价

（一）一级模糊综合评价

设对第 i 类中的第 j 个元素进行模糊综合评价，该指标隶属于评价结果（等级）集合中的第 k 个元素的隶属度为 r_{ijk}，其中 $i = 1$，2，…，i；$j = 1$，2，…，m；$k = 1$，2，…，n。则该单因素评判矩阵为

$$R_i = \begin{pmatrix} r_{i11} & r_{i12} & \cdots & r_{i1k} \\ r_{i21} & r_{i22} & \cdots & r_{i2k} \\ \vdots & \vdots & \vdots & \vdots \\ r_{im1} & r_{im2} & \cdots & r_{imk} \end{pmatrix}$$

然后考虑因素层指标权重，用模糊权向量将不同的行进行综合，计算得到模糊综合评价集

$$B_i = W_i \cdot R_i = (w_{i1}, \ w_{i2}, \ \cdots, \ w_{im}) \cdot \begin{bmatrix} r_{i11} & r_{i12} & \cdots & r_{i2n} \\ r_{i21} & r_{i22} & \cdots & r_{i2n} \\ \vdots & \vdots & \vdots & \vdots \\ r_{im1} & r_{im2} & \cdots & r_{imn} \end{bmatrix}$$

$$= (b_{i1}, \ b_{i2}, \ \cdots, \ b_{in})$$

其中，$i = 1, \ 2, \ \cdots, \ i$，并且式中" $\cdot$ "为模糊算子，其中本书采用乘和算子。根据表 2-2 建立指标层综合模糊矩阵三级指标得分计算

$$S_{D1} = (0.0391 \quad 0.0430 \quad 0.4883 \quad 0.3594 \quad 0.0703) \begin{pmatrix} 100 \\ 80 \\ 60 \\ 40 \\ 20 \end{pmatrix} = 52.4219$$

同理求得其他三级指标得分，然而二级指标权隶属度与得分计算以 C1 为例：

$$w_{C1} = \begin{pmatrix} 0.1634 \\ 0.5396 \\ 0.2970 \end{pmatrix}$$

$$r_{C1} = \begin{pmatrix} 0.0391 & 0.0430 & 0.4883 & 0.3594 & 0.0703 \\ 0.4414 & 0.3438 & 0.1328 & 0.0625 & 0.0195 \\ 0.1641 & 0.3828 & 0.1953 & 0.2422 & 0.0156 \end{pmatrix}$$

$$R_{C1} = w_{C1}{}^T \cdot r_{C1} = (0.2933 \quad 0.3062 \quad 0.2095 \quad 0.1644 \quad 0.0267)$$

$$S_{C1} = (0.2933 \quad 0.3062 \quad 0.2095 \quad 0.1644 \quad 0.0267) \begin{pmatrix} 100 \\ 80 \\ 60 \\ 40 \\ 20 \end{pmatrix} = 73.5013$$

（二）二级模糊综合评价

对于大健康产业背景下广西民族传统体育与文化旅游产业融合度的综合

评价来说，不仅要考虑第二层级因素的指标权重，还要对第一层各因素进行模糊综合评价。在进行最高层次因素间综合评价时，二级模糊综合评价的单因素评判矩阵R：

$$R = \begin{pmatrix} B_1 \\ B_2 \\ \vdots \\ B_t \end{pmatrix} = \begin{pmatrix} b_{11} & b_{12} & \cdots & b_{1n} \\ b_{21} & b_{22} & \cdots & b_{2n} \\ \vdots & \vdots & & \vdots \\ b_{t1} & b_{t2} & \cdots & b_{tn} \end{pmatrix}$$

然后将最高层级指标权重向量与低层级合成的模糊关系矩阵进行综合运算，根据隶属度最大原则，得到最终的模糊综合评价结果

$$B = A \cdot R = (A_1, A_2, \cdots, A_t) \cdot \begin{pmatrix} b_{11} & b_{12} & \cdots & b_{1n} \\ b_{21} & b_{22} & \cdots & b_{2n} \\ \vdots & \vdots & & \vdots \\ b_{t1} & b_{t2} & \cdots & b_{tn} \end{pmatrix} = (b_1, b_2, \cdots, b_n)$$

最后，通过结合表4-23专家打分结果，得到大健康产业背景下广西民族传统体育与文化旅游产业融合评价指标：

$$w = \begin{pmatrix} 0.5171 \\ 0.3304 \\ 0.0746 \\ 0.0779 \end{pmatrix}$$

$$r = \begin{pmatrix} R_A \\ R_B \\ R_C \\ R_D \end{pmatrix} = \begin{pmatrix} 0.1021 & 0.1585 & 0.1971 & 0.3170 & 0.2253 \\ 0.0787 & 0.2222 & 0.1995 & 0.3006 & 0.1990 \\ 0.1016 & 0.1642 & 0.3882 & 0.2391 & 0.1069 \\ 0.0353 & 0.0598 & 0.1401 & 0.3385 & 0.4263 \end{pmatrix}$$

$$R = w^T \cdot r = (0.0891 \quad 0.1723 \quad 0.2077 \quad 0.3075 \quad 0.2234)$$

$$S_A = (0.0891 \quad 0.1723 \quad 0.2077 \quad 0.3075 \quad 0.2234) \begin{pmatrix} 100 \\ 80 \\ 60 \\ 40 \\ 20 \end{pmatrix} = 51.9244$$

第四节　评价结果

前文运用层次分析法构建了大健康产业背景下广西民族传统体育与文化旅游产业融合指标，并进行了权重计算分析。本部分则运用模糊综合评价法和问卷调查法对大健康产业背景下广西民族传统体育与文化旅游产业融合指标进行评价，评价结果见表5-3。

按照层次分析法的层次进行结果统计，其中系统层中资源融合B1、市场融合B2、功能融合B3和技术融合B4，评价打分结果分别为51.9018、53.6181、58.2901和38.7877；这些得分依次对应"较差""一般""一般"和"较差"的评价等级，排序为功能融合B3>市场融合B2>资源融合B1>技术融合B4。

要素层中资源融合B1的整体评价结果为"较差"。其中包括了民族传统体育与文化旅游产业资源的价值C1、民族传统体育与文化旅游资源的影响力C2、资源融合条件C3和资源融合现状C4，评价打分结果分别为73.5013、45.0781、46.6089、54.3594，其评价等级依次为"好""较差""较差""一般"，即C1>C4>C3>C2。

在具体的指标中，运动休闲价值D1、适游期或适应范围D5、交通条件D6、组织部门条件D10的评价结果均为"一般"，民族文化传承价值D2评价结果为"很好"；健康服务价值D3、地理条件D7、民族传统体育文化旅游种类D12的评价结果均为"好"，健康旅游品牌路线影响力D4、经济条件D8、人才条件D9、文化旅游产业发展D11、健康旅游示范基地数量D13、民族传统体育文化创意旅游产品数量D14的评价结果均为"较差"，即D2>D3>D7>D12>D6>D10>D5>D1>D9>D14>D4>D13>D8>D11。

市场融合B2的整体评价结果为"一般"。其中包括了市场需求C5、利益因素C6、金融支持C7、效益影响C8，评价打分结果分别为68.7276、58.2389、36.8490、47.4099，其评价等级依次为"好""一般""较差""较差"，即C5>C6>C8>C7。

在具体的评价指标中，客源市场潜力 D15、运动康养需要 D16、文化传承需求 D17、文化旅游投资与开发政策 D18、关于健康产业的政策与措施 D19 的评价结果均为"好"，而市场开发者对运动养生的认知 D20、市场开发者对民族传统文化的认知 D21、政府支持力度 D22、企业投资环境 D23、健康休闲效果 D25、文化传承保护程度 D26 的评价结果均为"较差"，经济利益 D24 的评价结果为"一般"，即 D17>D16>D15>D19>D18>D24>D26>D25>D23>D22>D20>D21。

功能融合 B3 的整体评价结果为"一般"。其中包括了广西民族传统体育与文化旅游产业的融合在休闲娱乐功能 C9、文化传播功能 C10 以及健康服务功能 C11，评价打分结果分别为 61.7578、57.6318、56.3672，其评价等级均为"一般"，即 C9>C10>C11。

在具体的评价指标中，参与性 D27、观赏性 D28、地域文化 D29、民族文化 D30、身体健康 D32 的评价结果均为"一般"，而历史文化 D31、心理健康 D33 的评价结果为"较差"，即 D27>D29>D32>D28>D30>D33>D31。

技术融合 B4 的整体评价结果为"较差"。其中包括融合业态的技术创新 C12、产品的技术创新 C13，评价打分结果分别为 33.9237、48.5156，其评价等级分别为"很差"和"较差"，即 C13>C12。

在具体的评价指标中，融合产业体制创新 D34、民族传统体育文化旅游特色产品 D37、民族传统体育文化旅游特色形式 D38 的评价结果均为较差；而融合产品市场创新 D35、融合产品管理创新 D36 的评价结果均为"很差"，即 D38>D34>D37>D36>D35。

综合以上的评价结果，大健康产业背景下广西民族传统体育与文化旅游产业融合度评价结果为"较差"。

表 5-3　模糊综合评价结果

指标/评价	得分	评语
资源融合 B1	51.9018	较差
市场融合 B2	53.6181	一般
功能融合 B3	58.2901	一般

续表

指标/评价	得分	评语
技术融合 B4	38.7877	较差
民族传统体育与文化旅游产业资源的价值 C1	73.5013	好
民族传统体育与文化旅游资源的影响力 C2	45.0781	较差
资源融合条件 C3	46.6089	较差
资源融合现状 C4	54.3594	一般
市场需求 C5	68.7276	好
利益因素 C6	58.2389	一般
金融支持 C7	36.8490	较差
效益影响 C8	47.4099	较差
休闲娱乐功能 C9	61.7578	一般
文化传播功能 C10	57.6318	一般
健康服务功能 C11	56.3672	一般
融合业态的技术创新 C12	33.9237	很差
产品的技术创新 C13	48.5156	较差
运动休闲价值 D1	52.4219	一般
民族文化传承价值 D2	82.5000	很好
健康服务价值 D3	68.7500	好
健康旅游品牌路线影响力 D4	37.6563	较差
适游期或适应范围 D5	52.5000	一般
交通条件 D6	52.7344	一般
地理条件 D7	68.2813	好
经济条件 D8	36.4844	较差
人才条件 D9	38.2031	较差
组织部门条件 D10	52.6563	一般
文化旅游产业发展 D11	36.3281	较差
民族传统体育文化旅游种类 D12	68.2031	好
健康旅游示范基地数量 D13	37.1094	较差

续表

指标/评价	得分	评语
民族传统体育文化创意旅游产品数量 D14	37.7344	较差
客源市场潜力 D15	68.4375	好
运动康养需要 D16	68.9844	好
文化传承需求 D17	69.2188	好
文化旅游投资与开发政策 D18	68.0469	好
关于健康产业的政策与措施 D19	68.2813	好
市场开发者对运动养生的认知 D20	36.7188	较差
市场开发者对民族传统文化的认知 D21	36.2500	较差
政府支持力度 D22	36.7969	较差
企业投资环境 D23	36.9531	较差
经济利益 D24	52.5781	一般
健康休闲效果 D25	37.1875	较差
文化传承保护程度 D26	37.7344	较差
参与性 D27	62.7344	一般
观赏性 D28	60.7813	一般
地域文化 D29	61.5625	一般
民族文化 D30	59.4531	一般
历史文化 D31	48.0469	较差
身体健康 D32	61.0938	一般
心理健康 D33	51.6406	较差
融合产业体制创新 D34	48.7500	较差
融合产品市场创新 D35	29.8438	很差
融合产品管理创新 D36	30.3125	很差
民族传统体育文化旅游特色产品 D37	46.9531	较差
民族传统体育文化旅游特色形式 D38	50.0781	较差
总体	51.9244	较差

第六章

大健康产业背景下广西民族传统体育与文化旅游产业融合的现状

第一节　广西民族传统体育与文化旅游产业融合动力机制

　　大健康产业的发展带动的是医疗、健康、养老、养生休闲等产业的融合与升级，广西民族传统体育与文化旅游产业融合发展不仅是产业持续发展的未来趋势，同时也是产业高质量发展的现实选择。产业融合实质上是在激励、动力和障碍等多因素作用下的发展过程，而广西民族传统体育与文化旅游产业深度融合的动因也复杂多样。一方面，技术支持、生产互融、产业升级等因素推动民族传统体育与文化旅游产业自发、自觉地提升融合质量与成效；另一方面，消费需求、政策、经济支持等因素，拓宽了产业融合的深度与广度，从而促使广西民族传统体育与文化旅游产业的融合发展不断深入，促进了大健康产业的升级。根据前文民族传统体育与文化旅游产业融合的理论分析，结合广西民族传统体育与文化旅游产业基本情况，本书认为广西民族传统体育与文化旅游产业融合发展的动因既包括了外在环境的影响，也包括了产业内在发展的变化。因此，本章从外部政策、经济、社会、技术环境和内部的产业关联与产业自身发展需要构建广西民族传统体育与文化旅游产业融合发展的动力机制（如图6-1所示），为研究其融合发展情况奠定基础。

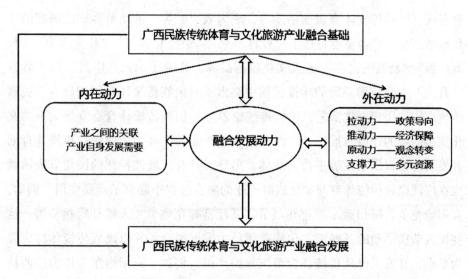

图 6-1　广西民族传统体育与文化旅游产业融合发展动力机制示意图

一、广西民族传统体育与文化旅游产业融合发展的内部动因

（一）广西民族传统体育与文化旅游产业之间的关联

根据前文民族传统体育与文化旅游产业融合发展动因的理论分析，广西民族传统体育与文化旅游产业之间的关联性体现在产品供需方面和技术供给方面，通过产品供需形成了相互关联的内在联系。目前，广西民族传统体育资源主要有民族传统体育表演与竞赛资源、民族传统体育节庆资源、民族传统体育活动场馆资源等，广西文化旅游产业主要包括人文资源、自然资源、物质资源等。在市场要素、服务要素、技术要素等多个生产要素的驱动作用下，广西民族传统体育项目、民族传统体育健康服务与民族传统体育设施等资源要素以及文化旅游资源、文化旅游管理、文化旅游运营等内部因素进行整合，在多方要素的共同作用下形成了具有广西少数民族特色的民族传统体育赛事文化旅游产品、民族传统体育节庆文化旅游产品、民族传统体育表演文化旅游品牌、民族传统体育特色小镇等，推动了广西民族传统体育与文化旅游产业融合发展。

从产品供需方面上看，广西民族传统体育与文化旅游产业之间可以互相提供生产要素。目前，广西已打造了丰富的民族传统体育赛事、民族传统体育节庆、民族传统体育表演活动等，成为吸引游客、推动游客旅游消费的文化旅游产品。广西重点打造了"桂林山水""浪漫北部湾""壮美边关""长寿广西""壮族三月三"五大文化旅游品牌，其中在"长寿广西"与"壮族三月三"文化旅游品牌的建设过程中突出了对民族传统体育休闲健身、民族传统节庆、民族文化演艺、民族传统康养等与民族传统体育有直接关系的文化旅游内容的建设与推广。广西文化旅游产业的发展为广西民族传统体育的开发与传播提供了发展平台与载体。另外，具有区域性特征的民族节庆活动也在广西民族传统体育与文化旅游产业的融合过程中起到了重要作用。例如，宾阳炮龙节、柳州融水芦笙斗马节、三江富禄花炮节、天峨县蚂拐节等，这些民族节庆活动的开展以文化旅游活动为发展平台，并以民族传统体育资源为重点，开发了民族传统体育节庆旅游产品。例如，宾阳炮龙节作为广西特色民族传统体育节庆，也是广西特色的文化旅游产品。宾阳炮龙节的开展最初由宾阳县内德高望重的人物牵头，到县政府参与组织，再到成立县级炮龙艺术协会组织运作，最终形成政府与民间组织相互协作、共同治理的发展模式。新华社、中央电视台、广西电视台等媒体多次对宾阳炮龙节进行直播与报道，该节庆活动受到社会的广泛关注，并受邀参与了新加坡国际妆艺大游行以及国内海南、柳州、南宁等地的表演，近年来吸引了国内外 20 多万人的广泛参与。宾阳炮龙节的开展既为文化旅游产业提供了人力要素、技术要素与资源要素，同时文化旅游产业的发展也为宾阳炮龙节的文化活态传承与可持续发展提供了广阔的发展平台。

从技术供给方面上看，广西民族传统体育除了具备强身健体、娱乐休闲、民族文化等功能，还具有康养、康复与教育的功能，这与广西重点发展的大健康产业不谋而合，与传统的民族传统体育传播与传承方式相比，"民族传统体育+文化旅游"的融合发展可以更大程度地将民族传统体育的功能释放出来。广西根据民族传统体育特色打造了民族传统体育示范县，包括融水苗族自治县、三江侗族自治县、龙胜各族自治县等。通过技术供给，结合县域内的资源优势发展文化旅游，充分发挥县域内的民族传统体育的功能。例如，融水苗族自治县通过对县域内历史人文、自然地理、节庆民俗活动等资源的整合，规划了"一轴二核三大"旅游片区，通过招商引资的方式，规划建设九万山森林康养小镇项目，围绕九万山自然保护区及周边村屯开展森林民宿、文化旅游、休闲体育、生态康养等一体化合作。另外，在贝江苗寨特色旅游小镇项目中规划建设了综合服务区、苗族商业区、百节文化区。通过文化旅游活动区的建设，进一步发挥了民族传统体育健身休闲与健康养生的功能。

此外，通过对地方民族传统体育进行文化梳理、项目整理与保护，并运用文化旅游产品设计、包装、营销等手段，广西民族传统体育与文化旅游产业形成互为产品供给的关系，在提供文化旅游产品内容与服务过程中两者也会产生直接或间接的联系。例如，巴马瑶族自治县素有"长寿之乡"的美誉，也因"长寿之乡"的美誉吸引大量"候鸟人"到此养生旅居，并带动巴马县培育了长寿食品、水产业、民族传统体育活动、文化旅游等一系列康养产业，提高了长寿养生旅游经济。这些"候鸟人"在2024年由县政府举办的"瑶风壮韵三月三·传承巴马民族风"传统歌节文化体育系列活动中，参与了由1600人组成的32支拉歌队，并参与了抛绣球比赛、射弩射箭展演与民俗巡游展演，吸引了大量游客的参与，展现了少数民族传统体育的独特魅力。

（二）广西民族传统体育与文化旅游产业自身发展需要

根据前文的理论分析，广西民族传统体育与文化旅游产业融合既从属于第一、二、三产业范畴的不同分工层次，又符合不同的专业化要求，在思想上符合产业融合的逻辑。广西民族传统体育与文化旅游产业的融合是文化旅游产业为了满足人们身体健康、休闲娱乐的需求，从观光型文化旅游模式向体验型文化旅游转变，符合社会分工理论演变的产业融合发展的必然过程。广西作为少数民族自治区，在长期的生产生活劳动的环境中形成了形态迥异的民族传统体育活动，其壮丽的山河风光吸引着众多的游客，满足了人们对健康生活、回归自然、放松心情的内在需求。然而，广西民族传统体育项目大多源自经济较落后的地区，通常存在着产业化程度低、民族传统体育资源流通受限、功能发挥不充分等问题，致使其发展受到限制。而文化旅游产业作为国家经济发展的支柱产业之一，通常是第一产业具有完善的基础设施，第二与第三产业提供稳定的客源以及完备的旅游体系，从而为广西民族传统体育的发展提供基础条件。同时，广西民族传统体育的融入能丰富文化旅游产业的发展内容，拓宽游客感受多元民族文化的渠道，提升文化旅游过程的体验感。基于此，产业自身发展需要是广西民族传统体育与文化旅游产业融合的动力之一。

从广西民族传统体育发展情况上看，广西民族传统体育与各民族的历史沉淀、生活方式和民俗风貌紧密相连，它承载着本民族的历史文化，展示着本民族的生活方式，其自身价值功能以文化传承、强身健体、欢庆娱乐、尚美观赏等为主。但广西民族传统体育因地域分布情况不同，地域经济水平与社会地位存在差异，同时民族传统体育文化受到外来文化与现代体育的冲击，广西民族传统体育在发展过程中存在开展形式与开展范围不同、产生的社会效益与经济效益不同以及产业化程度发展不平衡的现象，广西民族传统体育文化与功能普遍遭到弱化。然而，与文化旅游产业的融合可以为广西民族传统体育的发展提供机遇和平台。例如，金秀瑶族自治县在发展文化旅游前，民族传统体育竞赛活动主要由民间组织自发开展，其活动规模小，社会反响一般，呈现出"小打小闹"的局面。但县政府与文体局将瑶族黄泥鼓"顶鼓"列为金秀瑶族自治县民族传统体育重点项目并展开普及与推广，将这项民族传统体育项目列为瑶族盘王节、杜鹃花节等节庆活动。金秀瑶族自治县在承办"全国瑶族文化高峰论坛暨广西来宾金秀圣堂旅游节"中，举办了首届瑶族黄泥鼓"顶鼓"比赛，吸引周边 10 个乡镇将近 100 名运动员的参与。随着该地区文化旅游的发展，黄泥鼓改变了原始传统祭祀的角色，向着民族传统体育表演的形式转变，这一转变使金秀瑶族黄泥鼓表演队走出金秀县，参与了日本、中国—东盟等艺术节的表演。此外，罗城县仫佬族依饭节、融水苗族芦笙斗马节等民族节庆活动中的民族传统体育项目，也在文化旅游产业发展的影响下将民族传统体育项目转化成了文化旅游产品，成为吸引游客前往旅游目的地进行旅游消费的重要因素。

从文化旅游产业发展上看，广西壮族自治区政府在 1999 年就开始设立了广西壮族自治区旅游发展专项资金。截至 2018 年，该旅游发展专项资金已累计安排超过 38.4 亿元。与其他经济实力相近的省、自治区、直辖市财政对旅游发展资金的支持对比，广西财政安排的旅游发展资金在中西部地区总体处于中等偏上水平。同时，即使在 2019 年大多数省份的旅游业增速放缓的情况下，广西旅游总收入也达到了 10241.44 亿元，与 2018 年的旅游收入数据相比还增长了 34.4%，广西成为突破万亿元大关的第六个省份。广西文化旅游产业具有良好的发展态势，但民族传统体育文化旅游在发展过程中存在区域发展不平衡的现象。从广西出入境人数与国际外汇收入情况来看，桂林市的国际外汇收入超过广西全区入境旅游的一半，高达 54.87%；另外桂林市的入境游客数量占比也接近全区的一半，达到 48.85%。桂林市享有"桂林山水甲天下"的美誉，其凭借资源优势、山水资源等绝对优势，带动游客参与到民族传统体育表演与体验活动之中，进而促进影响着当地民族传统体育的发展。同时，南宁市与柳州市具有相对高的经济发展水平，经常开展能够带动经济发展的民族传统体育赛事，例如，中国—东盟（南宁）国际龙舟邀请赛开展频率稳定、开展规模大，吸引了国内外运动队伍的参与，带动了广西文化旅游产业与民族传统体育赛事的开展。但在梧州市、贵港市等地，民族传统体育与文化旅游产业融合发展并不突出。

广西民族传统体育与文化旅游产业在独立发展过程中均受到产业边界、技术壁垒、内容单一等问题的限制，因此，两者可以从技术、资源、功能和市场等形式上开展交叉融合，打破产业原有的局限性，达到其独立发展无法达到的效果。由此，产业自身发展需要为广西民族传统体育与文化旅游产业的融合提供内在驱动力。

二、广西民族传统体育与文化旅游产业融合发展的外部动因

根据前文民族传统体育与文化旅游产业融合发展外部动因的理论分析，本部分将从政策、经济、社会、技术四方面对影响广西民族传统体育与文化旅游产业融合发展的外部因素进行分析。

（一）拉动力：政策导向

如外部动因的理论分析，国家出台了多项政策助力产业融合促进大健康产业发展。政府出台的政策文件为广西民族传统体育与文化旅游产业融合发展方向提供指引，整理部分相关文件如表 6-1 所示。为加快广西大健康产业的发展，广西壮族自治区人民政府先后制定并出台了《广西健康产业三年专项行动计划（2017—2019 年）》《广西大健康产业发展规划（2021—2025年）》《广西壮族自治区人民政府关于加快大健康产业发展的若干意见》等一系列政策性文件，提出要锻造大健康产业发展新链条，涉及医疗、文化、教育、体育、旅游等诸多行业，其中健康旅游产业和健康运动产业作为重点发展产业，促进了大健康与生态、文化、旅游、体育等相关行业深度融合，也为广西民族传统体育与文化旅游产业融合发展提供指引方向。另外，广西还发布了多项与民族传统体育与文化旅游产业发展的相关政策，《广西"十四五"文化和旅游发展规划》中提出要深化体育与文化和旅游融合发展，结合民族体育竞赛项目创建体育旅游示范点；2024年《广西文旅产业发展三年行动方案》中提到要全面推动民族文化创新发展，推动文化资源活化利用；2023年《关于加快文化旅游业全面恢复振兴的若干政策措施》中提出为加快文化旅游产业复苏，应推进文旅融合和大健康产业发展，丰富生态休闲、户外运动等业态。

广西壮族自治区人民政府落实国家下达的关于民族传统体育与文化旅游产业融合发展工作任务的重点区域，依照自治区的民族文化特色，进一步细化了民族传统体育与文化旅游融合的发展内容，并为各市提出重点打造民族传统体育赛事及文化旅游品牌的工作任务，对各市执行相应任务起到了监督与指引作用；各市县也积极响应上级下达的工作任务，基于市县重点问题，通过政策引导，给予民族传统体育与文化旅游更多发展机会。各层次政策内容层层递进，政策实施方面呈现出上行下效、上传下达的工作状态，共同推进民族传统体育与文化旅游的融合发展，为促进广西民族传统体育文化与旅游产业融合发展提供良好的发展环境。

同时，各层级政府在民族传统体育与文化旅游融合发展的行动上给予引导，在资金上和企业发展上给予扶持和帮助。在行动上，各层级政府部门发布了特色旅游发展实施意见，各地可利用特殊节庆活动开展非物质文化遗产活态传承系列展示，促进民族传统体育与文化旅游在文化内容上的活态传承。在资金扶持上，广西增设专项扶持资金，助力民族节庆活动、民族传统体育表演、文化会演等各类活动的开展，减轻文化旅游景区或相关部门开展文化旅游活动的经济压力。在企业发展上，以政府部门为主导，每年开展招商引资会，吸引投资建设民族传统体育等基地与完善旅游度假区配套设施，为开展民族传统体育与文化旅游活动提供发展路径。

综上所述，政策指引对推进广西民族传统体育与文化旅游产业的融合发展起到了积极作用，各层级政府能够落实相关政策内容，并提供资金支持，帮助相关企业投资和运营，增强基础设施建设。良好的政策环境可以指导和监督广西民族传统体育与文化旅游产业融合的方向，成为融合的拉动力。

表 6-1　广西民族传统体育与文化旅游产业发展相关政策

发布日期	文件名称	相关内容（工作重点）
2011	广西壮族自治区少数民族传统体育保护规划（2011—2015 年）	广西壮族自治区提出建立"五圈五中心"的目标，其中建立河池圈及中心，根据河池市的体育文化特点，建成民族传统体育传承保护圈
2011	关于重振广西体育雄风建设西部体育强区的决定	南宁市政府敢于打破部门和区域间的行政壁垒，尽快联合制定跨部门、跨区域的"传统体育文化与旅游产业融合规划"，做好两者融合发展的空间布局和功能定位
2015	广西壮族自治区人民政府关于促进旅游业改革发展的实施意见	结合"以文促旅、以旅养文"充分利用历史文化名城名镇名村、纪念馆，培育一批民族文化旅游基地和民族文化生态旅游村
2016	广西健康产业三年专项行动计划（2017—2019 年）	重点关注产业发展特点和优势，努力打造一批具有广西特色的运动休闲特色小镇
2017	广西壮族自治区人民政府办公厅关于加快县域特色旅游发展的实施意见	深度开发民族历史文化、传统村寨与山水风光；打造特色旅游景区；细化"文化+旅游""体育+旅游"工作任务；塑造县域特色旅游品牌

发布日期	文件名称	相关内容（工作重点）
2020	广西壮族自治区人民政府办公厅关于进一步加强少数民族传统体育工作的实施意见	整合并深度开发民族体育旅游资源，优化融合体育发展机制，不仅可以丰富体育产业，还可以升级旅游业。要以政府为基本单位，企业为横、社会为纵，以民族特色、民俗民风、民族生态的保护为基础，将民族体育运动整合起来开发专项旅游产品，探寻少数民族"体育+旅游"的可持续发展模式
2021	广西大健康产业发展规划（2021—2025年）	围绕绿色生态运动主题，大力发展健身休闲、山地户外、民族传统体育等运动产业；着力打造红色文化之旅、边关生态之旅、文化遗产之旅三大文化旅游精品线路
2022	广西"十四五"文化和旅游发展规划	深化体育与文化旅游融合发展。开展形式多样的体育赛事和户外休闲运动，创新发展体育旅游，结合大型体育赛事和民族体育竞赛项目，创建一批体育旅游示范试点、市、县（市、区）体育旅游示范基地、体育旅游精品景区等体旅融合品牌，打造一批体育旅游精品线路
2023	关于加快文化旅游业全面恢复振兴的若干政策措施	繁荣广西假期活动，在传统民族节日期间，开展丰富多彩的民族民俗活动；积极开展广西大健康文旅体育产业链招商活动，加快重大文化和旅游项目建设步伐

（二）推动力：经济保障

良好的经济基础可以为产业融合提供支撑。广西经济运行情况与未来发展趋势将直接或间接地对广西民族传统体育与文化旅游融合发展活动产生影响。广西地区经济发展虽然与我国中部、南部地区相比相差较大，但与过去几年相比仍呈良好发展态势。如表6-2所示，2011—2021的10年间，广西居民人均收入稳步上涨，恩格尔系数逐年降低，城乡居民人均可支配收入提高。人均可支配收入的提高与恩格尔系数的降低，间接地说明广西经济环境与消费环境呈现较好的发展态势。

表 6-2　广西城乡居民家庭人均收入及收入恩格尔系数（2011—2021 年）

| 年份 | 全区居民人均可支配收入 | | 城镇居民人均可支配收入 | | 农村居民人均可支配收入 | | 城镇居民家庭恩格尔系数（%） | 农村居民家庭恩格尔系数（%） |
	绝对数（元）	比上年增长（%）	绝对数（元）	比上年增长（%）	绝对数（元）	比上年增长（%）		
2011			18854	10.5	5231	15.1	39.5	43.8
2012			21243	12.7	6008	14.8	39.0	42.8
2013	14082		23305	9.7	6791	13.0	37.9	40.0
2014	15557	10.5	24669	8.7	8683	11.4	35.2	36.9
2015	16873	8.5	26416	7.1	9467	9.0	34.4	35.4
2016	18305	8.5	28324	7.2	10359	9.4	34.4	34.5
2017	19905	8.7	30502	7.7	11325	9.3	33.2	32.2
2018	21485	7.9	32436	6.3	12435	9.8	30.7	30.1
2019	23328	8.6	34745	7.1	13676	10.0	30.5	30.9
2020	24562	5.3	35859	3.2	14815	8.3	33.9	34.6
2021	26727	8.8	38530	7.4	16363	10.4	31.4	33.3

数据来源：2022 年《广西统计年鉴》。

　　图 6-2 和图 6-3 显示，2022 年全年全区生产总值（GDP）26300.87 亿元，按可比价计算，比上年增长 2.9%。其中，第一产业增加值 4269.81 亿元，增长 5.0%；第二产业增加值 8938.57 亿元，增长 3.2%；第三产业增加值 13092.49 亿元，增长 2.0%。第一、二、三产业增加值占地区生产总值的比重分别为 16.2%、34.0% 和 49.8%，对经济增长的贡献率分别为 28.6%、35.6% 和 35.8%。按常住人口计算，全年人均地区生产总值 52164 元，比上年增长 2.6%。

图6-2   2018—2022年广西生产总值及其增长速度

数据来源：广西壮族自治区统计局网站。

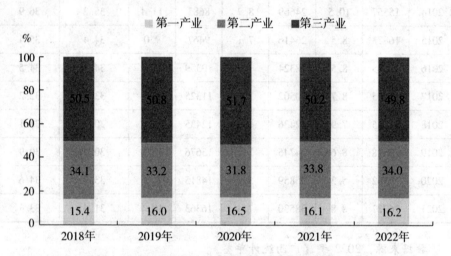

图6-3   2018—2022年广西三次产业增加值占GDP比重

数据来源：广西壮族自治区统计局网站。

另外，据广西壮族自治区文化和旅游厅公布的数据，2020年广西一般公共预算财政拨款支出58104.67万元，较2019年度决算数减少14220.56万元，下降19.66%，主要原因是受疫情影响压减预算经费。2021年支出总预算58722.32万元，其中，文化旅游体育与传媒支出49521.82万元，占支出总预算84.33%，比上年45670.85万元增加3850.97万元，增长8.43%。2022年支出总预算70482.90万元，同比增加11760.58万元，同比增长20.03%。其中文化旅游体育与传媒支出 60786.58 万元，占支出总预算 86.24%，同比增加 11264.76 万元，增长 22.75%。由此可见，广西经济稳定增长，居民消费升级，政府对文化旅游体育类的投入逐渐提高，为广西民族传统体育与文化旅游产业融合发展提供推动力。

（三）原动力：观念转变

产业发展源于满足市场需求，在新时代背景下，旅游消费的新特点为广西民族传统体育与文化旅游产业融合发展提供重要动力。首先，随着人们收入的增长，消费者的健康消费观念呈现出更高端化、更个性化、更特色化的发展趋势，消费者从基础的物质追求逐渐发展到精神追求，同时运动健身、康养旅游的消费热度只增不减，促进了广西民族传统体育与文化旅游产业的融合发展。两者融合发展不仅将民族传统体育的丰富文化内涵渗入文化旅游中，同时也为广西建设文化旅游产业提供了发展契机。广西借助各类体育赛事和康养资源优势，将当地的体育、文化、生态等要素融合发展，借助区位优势打造健康旅游产业，进一步推动了大健康产业发展。其次，随着健康文化旅游品类的升级，群众对健康文化旅游的诉求日趋个性化、多元化，逐渐从观赏类文化旅游向体验类文化旅游进行转变，更加注重在文化旅游中的体验。在文化旅游消费品类升级的需求下，一批以文化为内核、以民族传统体育为引领、以文化旅游为载体的产品成为广西旅游市场的新亮点。最后，随着消费空间的拓展，广西利用民族传统体育打破行业壁垒，注重资源整合利用，以文化旅游热点城市为依托，打造世界级文化旅游品牌，开发文化旅游产品等，成功地激发并带动了广西的文化旅游产业、餐饮业、体育产业等第三产业的消费，形成了巨大的产业融合效应。消费观念的改变、消费空间的拓展有利于市场内部资源的有序运转，推动各要素之间的融合发展，形成原动力，从而提升广西民族传统体育与文化旅游产业融合发展的能力。

（四）支撑力：多元资源

丰富的自然、人文、物质资源是产业融合的基本要素，不仅可以拓宽融合产品广度，也能提高融合市场的竞争力，为广西民族传统体育与文化旅游产业融合提供空间与支撑。如表 6-3 所示，广西非物质文化遗产涵盖了民俗、民间文学、曲艺以及传统体育、游艺与杂技等类型，其中的民族传统体育活动项目是广西民族文化中的重要内容之一，保护和传承广西民族传统体育文化是广西民族工作的重点。这些民族传统体育资源也是广西民族传统体育和文化旅游产业融合发展的主要竞争力。

表6-3 广西壮族自治区部分非物质文化遗产

类型	民族/地域	名称
传统体育、游艺与杂技	仫佬族	舞草龙
	壮族	抢花炮
	苗族	赛芦笙
民俗	仫佬族	仫佬族依饭节
	汉族、壮族	宾阳炮龙节
	瑶族	盘王节
民间文学	仫佬族	仫佬族古歌
	壮族	刘三姐歌谣
	壮族	布洛陀
曲艺	南宁市	古零草凳龙舞
	天等县	跳花灯
	瑶族	黄泥鼓舞
传统技艺	钦州市	坭兴陶
	壮族	壮族织锦旗技艺
	梧州市	六堡茶制作技艺

数据来源：广西非物质文化遗产保护网。

根据广西民族传统体育与文化旅游产业的基本情况，广西拥有丰富的自然地理资源，广西根据文化旅游产业发展需要，借助自然、地理、旅游资源优势，利用合适的技术手段，在资金的支持下，利用民族节庆、民族传统文化、活动场地等各种资源优势，形成了自然旅游资源、人文旅游资源与物质旅游资源，为广西民族传统体育与文化旅游产业融合拓宽了发展空间，如表6-4所示。

基于地貌资源、水域资源、气象资源、生物资源优势，广西开发了桂林山水、桂林两江四湖、德天跨国瀑布、北海涠洲岛日落、钦州三娘湾白海豚、十万大山原始森林等旅游项目与旅游景区，借助旅游景区开展民族体育表演吸引游客广泛参与。例如，桂林借助特色的喀斯特地貌等山水优势打造《桂林千古情》《印象刘三姐》《桂林·山水间》等全实景演出，吸引了众多游客的参与观看。其他借助自然旅游资源建立的旅游景区为广西民族传统体育的弘扬与宣传提供场地基础，也为广西民族传统体育与文化旅游产业融合提供了场地条件。以人文旅游资源为基础在特定时间开展的仫佬族依饭节、走坡节、"三月三"等民族节庆旅游活动，还原民族节庆活动场景，使游客身临其境再度体验到民族节庆的场景与氛围，增加了游客与旅游资源之间的互动性与体验感。同时，以民族节庆活动的开展为契机，通过民族节庆活动这一平台为游客提供民族传统体育表演与体验活动，将多种民族文化内容转换为旅游活动，使游客在旅游过程中得到深层次的各民族文化体验。以物质旅游资源为主开发的民族传统体育传承基地、民族传统体育表演项目基地、广西民族传统体育特色之乡等文化旅游场所，拓展了民族传统体育活动、赛事表演、文化传承的空间，为民族传统体育的传承和发扬提供了重要的空间。三种资源并不是独立存在于不同空间中，而是彼此成就、相互交叉地为广西民族传统体育与文化旅游产业融合发展提供支撑力。

表6-4　广西民族文化旅游部分主要资源开发情况

资源类型	主要资源	开发内容
自然旅游资源	地貌资源、水域资源、气象资源、生物资源	桂林山水（喀斯特地貌）、桂林两江四湖、德天跨国瀑布、北海涠洲岛日落、钦州三娘湾白海豚、十万大山原始森林等
人文旅游资源	壮族"三月三"、仫佬族依饭节、炮龙节、毛南族分龙节、"三月三"花炮节、融水苗族芦笙斗马节等	"三月三·民族体育炫"系列活动、仫佬族依饭文化节、宾阳炮龙节、毛南族分龙文化节等
物质旅游资源	广西民族博物馆、广西民族传统体育表演基地、广西民族传统体育示范学校、广西民族传统体育之乡等	三江侗族自治县福禄苗族乡抢花炮保护传承示范基地、广西体育高等专科学校民族传统体育表演项目基地、广西民族传统体育之乡——环江毛南族自治县下南乡等

第二节　广西民族传统体育与文化旅游产业融合模式

根据前文理论分析可知，广西民族传统体育与文化旅游产业的融合模式归纳为渗透融合、延伸融合和重组融合，三种模式并不单独存在，而是相互交叉、整合、互补存在于两者的融合发展中。

一、广西民族传统体育与文化旅游产业的渗透融合

广西民族传统体育与文化旅游产业借助各类要素向对方渗透融合，主要表现为广西民族传统体育竞赛表演与文化旅游产业呈现出渗透融合的发展关系。渗透方向上，既有民族传统体育向文化旅游产业渗透，也有文化旅游产业向民族传统体育的渗透。广西民族传统体育活动，瑶族黄泥鼓"顶鼓"，仫佬族依饭节、舞草龙，侗族砣板陀螺等，本是各民族生产生活、祭祀、信仰等传统文化中包含的民族传统体育活动，经传承和演化后，被各族群众提炼成当地休闲娱乐的民族传统体育表演或竞赛项目，在当地村民之间进行互动或传承的活动。这些活动经过政府或企业的组织，逐渐向文化旅游产业渗透融合，形成融合产品。

另外，广西文化旅游产业要素向民族传统体育渗透的融合，如广西文化旅游产业依托广西少数民族传统体育运动会，开展各项文化艺术表演等内容，展示举办城市的文化旅游形象，设计吉祥物等文化旅游产品。2022 年，广西少数民族传统体育运动会在桂林市举行，开、闭幕式上穿插《桂林山水甲天下》《山水同美一家亲》等展现桂林城市文化旅游形象，凸显桂林的历史文化、山水古韵、地灵人杰的文体表演节目，展示桂林市及全区的改革和发展成果，并以会徽和吉祥物开发了多项文化旅游产品，提高了文化旅游的经济与社会效应。广西民族传统体育与文化旅游产业在资源、功能、技术上进行双向渗透融合，实现了产业融合效益的最大化。

二、广西民族传统体育与文化旅游产业的重组融合

重组融合主要发生在产业内部的行业分支之间或具有紧密关系的产业之间，并通过运营手段与技术等实现产业重组，随之产生新的业态。广西民族传统体育节庆与文化旅游产业通过打破产业之间的壁垒形成了民族传统体育节庆旅游活动的重组融合模式。例如，广西为了提升旅游形象、打响民族文化知名度、改善地区经济发展，将民族传统体育表演、民族传统体育文化活动、民俗巡游、民族传统体育竞赛与现代体育竞赛等多要素相结合，重点打造了广西民族传统体育节庆品牌"三月三·民族体育炫"。2024年，采取自治区、市、县（区）三级联动的方式，举办了"潮动三月三·民族体育炫"系列活动，以铸牢中华民族共同体意识为主线，突出民族性、参与性、融合性的特点，举办了包括"民族体育炫"系列赛等八大板块的体育赛事活动，有效带动了文化、旅游、商贸、乡村振兴融合发展。"三月三·民族体育炫"广西民族传统体育节庆的开展标志着广西民族传统体育与文化旅游产业的重组融合，形成的民族节庆活动规模更大、涉及群体广泛，社会效益与经济效益也随着提升。由此，重组融合后的文化旅游产品能够吸引更多人驻足与更多投资项目。

三、广西民族传统体育与文化旅游产业的延伸融合

延伸融合模式是指通过产业之间的功能互补与延伸来实现产业融合，这样的融合通常发生在产业之间自然延伸的部分，形成新的产业业态赋有与原产业所不其有的附加功能，更具产业竞争力。广西在实现民族传统体育与文化旅游产业融合过程中，基于现有的民族传统体育开展场所和文化旅游活动，对民族传统体育开展场所进行多功能运用或在文化旅游地融入民族传统体育功能的产品，以此实现功能的延伸。南宁市马山县地处于典型的喀斯特地貌区域，自然岩壁条件非常优越，生态环境非常优美，自然资源十分丰富。作为文化旅游资源，其产品特色并不突出，但马山县凭借自身山地、洞穴、河流等丰富的自然资源和民族特色文化，积极开展运动健身项目，在国家政策的推动下，建设马山县古零镇攀岩特色体育小镇，开展了体育项目与民族传

统体育活动。一方面，小镇利用原有的文化旅游活动场地建立了具有开展民族传统体育项目功能的活动场所，既是集康养、健身、娱乐、休闲于一体的场所，也是展示民族传统文化、提升地方经济效益的重要场所。另一方面，借助旅游企业自带的产业集群效应，小镇的建设带动周边餐饮业、酒店业、农产品售卖、商店等行业的发展，成为民族传统体育活动场地与文化旅游景区相融合的综合体。相较于单一的场地或场所，此类有综合功能的民族传统体育文化旅游场所基础设施较完善、旅游活动较丰富，配套的餐饮、酒店、民宿等旅游基础条件较好，运营较规范，对旅游宣传投入大，旅游信息流通速度更快，能吸引更多的游客前来旅游观光，游客接待能力较强，能够满足游客的多元化需求。

第三节　大健康产业背景下广西民族传统体育与文化旅游产业融合现状研究

　　基于前文运用层次分析法和模糊综合评价法对大健康产业背景下广西民族传统体育与文化旅游产业融合指标的构建与评价，结合广西民族传统体育与文化旅游产业的基本情况，本节通过融合发展机制与模式等具体要素综合分析大健康产业背景下广西民族传统体育与文化旅游产业融合的现状。

　　根据前文分析，本研究将融合指标分为 4 层，分别是目标层、系统层、要素层、指标层，并对 4 个层级及要素与指标进行权重赋值后，运用模糊综合评价法进行评价。目标层，即大健康产业背景下广西民族传统体育与文化旅游产业融合总体情况，其评价结果为"较差"。系统层是将大健康产业背景下广西民族传统体育与文化旅游产业融合总体情况分为 4 个系统，即资源融合 B1、市场融合 B2、功能融合 B3 与技术融合 B4，权重对比结果显示，资源融合 B1>市场融合 B2>技术融合 B4>功能融合 B3，而其评价等级为资源融合 B1"较差"，市场融合 B2"一般"，功能融合 B3"一般"，技术融合 B4"较差"。评价结果对比：功能融合 B3>市场融合 B2>资源融合 B1>技术融合 B4。本部分内容将对系统层的各系统内的具体要素和指标进行综合分析，进而探讨大健康产业背景下广西民族传统体育与文化旅游产业融合的现状问题。

一、广西民族传统体育与文化旅游产业资源融合情况分析

资源融合是大健康产业背景下广西民族传统体育与文化旅游产业融合的基础，民族传统体育与文化旅游产业资源决定其融合的深度与契合度。资源融合情况包括民族传统体育与文化旅游产业资源的价值 C1、民族传统体育与文化旅游资源的影响力 C2、民族传统体育与文化旅游产业资源融合条件 C3、民族传统体育与文化旅游产业资源融合现状 C4 共 4 个要素。

民族传统体育与文化旅游产业资源的价值 C1 的评价结果为"好"。广西是少数民族聚居地，其独特的民族文化环境孕育了丰富多彩的民族传统体育赛事与表演、民族传统节日与民俗文化等。据中国非物质文化遗产网的数据统计，截至 2021 年 6 月，广西有联合国教科文组织人类非遗代表作 1 项，国家级非遗代表性项目 52 项，自治区级非遗代表性项目 762 项，市级非遗代表性项目 1266 项；国家级非遗项目代表性传承人 49 人，自治区级非遗项目代表性传承人 555 人；国家级文化生态保护区 1 个，自治区级文化生态保护区 7 个；国家级非遗生产性保护示范基地 2 个，自治区级非遗保护工作平台 337 个。壮族的竹竿舞和抛绣球、苗族的芦笙舞等民族传统体育活动与文化旅游产业融合，不仅展示了广西深厚的文化底蕴，更在"民族文化传承价值 D2"方面展现出显著的融合效果。因此，D2 的评价等级为"很好"，且在整个资源融合的系统中指标排列第一，说明广西民族传统体育与文化旅游产业资源融合的民族文化传承价值的体现较突出。

同时，随着广西民族传统体育与文化旅游产业融合的推进，复合型"康养旅游"产业应运而生。康养旅游产品旨在通过健康养生、舒适放松的方式，为游客提供身心俱佳的养生体验，从而实现旅游活动的多元化与健康价值的提升。尽管康养旅游产品在一定程度上为游客提供了"健康服务价值 D3"，但由于广西康养旅游的融合主要是以"养"为主，与民族传统体育的融合尚处于探索阶段，在康养旅游中民族传统体育的健康功能发挥不足，各融合要素在发展与提升方面仍面临一定的挑战。因此 D3 的评价等级为"好"，在整个资源融合的系统中指标排列第二。从权重与评价综合结果来看，虽然存在一定的问题，但因具备良好的健身价值，其健康服务价值的评价较好。

此外，民族传统体育文化旅游作为一种新型旅游形式，近年来在广西及众多少数民族地区快速兴起，其表现形式主要在于将民俗节庆体育活动与休闲旅游度假相结合，充分展现了独特的运动休闲价值，如端午节龙舟赛等。运动休闲价值 D1 在广西民族传统体育与文化旅游产业融合评价中的评分等级为"一般"，评价对比在资源融合中也处于中位，说明产业融合中能够展示出一定的运动休闲价值。

广西民族传统体育与文化旅游产业资源融合的影响力 C2 的评价为"较差"。资源融合的影响力情况主要体现在健康旅游品牌路线影响力 D4 和适游期或适应范围 D5。健康旅游品牌路线是大健康产业背景下民族传统体育与文化旅游产业资源融合的产品，而适游期或适应范围决定着融合的广度和深度，在品牌影响力的作用下，适用时间越长、适应范围越广，其资源融合的影响力越大。根据广西壮族自治区体育局与自治区文化和旅游厅联合发布的数据，近五年来，广西已成功规划并推出 21 项体育旅游精品线路，其中 5 项荣膺"中国体育旅游十佳线路"称号，这一成就彰显了广西在此领域的初步探索与积累。但其评价结果 D4 为"较差"，在整个融合指标中的排列较后，揭示出广西在构建具有显著区域乃至全国影响力的品牌旅游线路方面，仍存在着广阔的提升空间与未被充分挖掘的发展潜力。

然而，民族传统体育与文化旅游因其所处的独特自然环境、蕴含的文化习俗以及别具一格的生活方式，相较于现代化或全年开放的旅游目的地，其在适游期方面受到了季节性和传统习俗的双重限制。这种限制直接决定了游客适宜游览期的长短，并对游客的旅游体验造成了不容忽视的影响。另外，近年来，随着经济增长与人们消费观念的改变，游客对健康、文化、服务、体验类产品的需求呈现持续增长的态势。人们不再满足于传统的观光旅游形式，而是更加注重身心健康与品质生活的追求。从旅游活动的适用范围来看，广西民族传统体育与文化旅游产品在民族传统体育赛事文化旅游、民族传统体育节庆文化旅游、民族传统体育表演文化旅游等形式上能满足不同年龄段、不同消费群体以及不同需求的游客，尤其随着老龄化的加剧，老年群体对康养服务类旅游产品的需求呈现持续增长的态势，广西康养服务类旅游虽然存在民族传统体育与文化旅游产业元素较少的问题，但总体包含了体育与旅游的特色。其评价结果 D5 为"一般"，排序处于中位。综合来看，广西民族传统体育与文化旅游产业融合的适应范围较广，适游期存在特殊性。

广西民族传统体育与文化旅游产业资源融合条件 C3 的评价为"较差"，主要包括交通条件 D6、地理条件 D7、经济条件 D8、人才条件 D9、组织部门条件 D10、文化旅游产业发展 D11 共 6 项评价指标。据统计，广西特有的山地地形占据了其总面积的 74.8%，这一显著的地理特点赋予了广西"八山一水一分田"的美称。鉴于这样的地理优势，广西无疑是打造山地类旅游目的地的理想之地，地理条件 D7 的评价结果为"好"，说明广西地理生态环境为产业融合发展提供了较好的地理条件。然而，伴随着旅游业的蓬勃发展，交通方面所面临的挑战也日益凸显。交通条件作为旅游基础设施中的重要组成部分，对于提升游客出行体验以及推动旅游景区的整体发展具有举足轻重的作用。一方面，从游客的出行需求来看，交通条件的改善将直接提升游客从外省或省内到达旅游目的地的便捷程度；另一方面，旅游景区内部的交通状况同样至关重要，不仅关系到游客的游览体验，更是影响旅游景区可持续发展的重要因素。交通条件 D6 的评价结果为"一般"，在资源融合指标的对比中，交通条件排列第五，说明随着广西对文化旅游便利的重视，对交通条件进行改善与优化，目前的交通现状呈现出向好趋势。

旅游行业作为对人力资源具有显著依赖性的领域，其服务质量的优劣、创新动力的强弱以及可持续发展潜能的大小，均受到人才质量与管理体系的深刻影响。特别是在体育、文化、康养等多元化的旅游服务领域中，人才体系的搭建与完善对于提升旅游服务的整体品质与层次具有决定性意义。经济条件 D8 和人才条件 D9 的评价结果均为"较差"，在资源融合条件的排位中也处于末尾段。广西地区经济基础相对薄弱，薪资水平普遍偏低，这在一定程度上限制了广西在人才引进、培养与留任方面的投入力度。进而，这种投入不足间接导致了专业教练、文化解说员、健康管理师等专业人才资源的匮乏，对提升旅游服务品质与层次造成了一定障碍。

此外，旅游组织部门的分工在很大程度上影响着旅游系统的效能与服务质量，组织部门条件 D10 的评价等级为"一般"。广西旅游组织部门的分工情况体现了从宏观政策制定到微观市场管理的全面覆盖，通过设立"一室四处"的组织层级，利用专业化分工促进广西旅游产业的全面发展，确保在大健康产业背景下相关政策的精准解读与有效实施，对于指导并促进文化旅游及体育等行业的发展都具有重要的推动意义。

最后，广西文化旅游产业发展 D11 的评价等级为"较差"，是资源融合系统中的最后一位。前文对广西文化旅游产业的基本情况进行了详细的分析，广西虽然具备多民族文化特点，拥有丰富旅游资源，但在文化旅游产业的发展中存在品牌知名度不强、产业主体责任不明、产业内发展不均衡等问题。因此，文化旅游产业作为产业资源融合的条件之一，其发展对融合的影响需要从多层次进行分析。

广西民族传统体育与文化旅游产业资源融合现状 C4 的评价等级为"一般"，主要包括民族传统体育文化旅游种类 D12、健康旅游示范基地数量 D13 以及民族传统体育文化创意旅游产品数量 D14 共 3 个评价指标。民族传统体育文化旅游种类 D12 的评价等级为"好"，主要是由于广西民族传统体育文化旅游种类繁多，其中涵盖了诸多富有地域特色与深厚民族文化底蕴的民族传统体育活动。这些活动往往与特定民族的生活习惯、历史传统和节日庆典密切相关。广西民族传统体育文化旅游的发展主要依托节庆体育活动。这些活动在民俗节庆中融入民族传统体育项目，旨在丰富节庆祭祀等活动的文化内涵，提升民众的文化参与感与认同感。例如，瑶族盘王节是瑶族民众缅怀其始祖盘王的传统节日。在此期间，瑶族地区会举办丰富多彩的体育竞技活动，诸如射箭、爬杆等，这些活动不仅展示了瑶族人民的矫健体魄，此举还进一步凸显出其勇敢无畏的精神风貌以及深厚睿智的民族文化特质。

健康旅游示范基地数量 D13 的评价等级为"较差"。根据 2023 年广西公布的第三批中医药健康旅游示范基地建设名单，共计有 14 家单位获评"广西第三批中医药健康旅游示范基地"。同时，桂林市亦被认定为国家级健康旅游示范基地，充分展示了该地区在健康旅游领域的卓越成果与显著地位。然而，在森林康养旅游示范基地建设方面，虽然广西拥有丰富的森林资源，但相较于中医药健康旅游，森林康养旅游的品牌形象和市场推广可能不够鲜明，且缺少民族传统体育元素，缺乏统一的品牌建设和有效的市场营销策略，导致市场认知度不高。

民族传统体育文化创意旅游产品 D14，评价等级为"较差"。广西民族传统体育与文化旅游产业融合是将各民族悠久的体育活动、丰富的文化底蕴与现代创意设计理念相互融合，为游客打造独特且引人入胜的参与式旅游体验。这些体验形式包括举办具有民族特色的运动会，让游客亲身参与并感受民族体育的魅力；举办民族传统体育艺术展演，展示民族传统体育的艺术之美；构建民族体育主题的文化乐园，为游客提供沉浸式的文化体验。但现有资料表明，虽然广西地区蕴藏着丰富的民族文化和多样的民族传统体育资源，其中包括壮族 134 项民族传统体育项目以及其他民族的众多体育项目，但在部分已开发的产品中，其文化展示的深度和游客体验设计的精细度尚显不足。这些产品未能全面而深入地展现民族传统体育所蕴含的独特魅力和背后深厚的文化传统，从而导致民族传统体育对游客的吸引力有限。

综合以上对广西民族传统体育与文化旅游产业资源融合现状的详细分析，结合评价对比结果 C1>C4>C3>C2，可以看出，广西民族传统体育与文化旅游产业资源融合现状的情况中，资源融合价值的体现情况最好，资源融合现状与资源融合条件现状较一般，资源融合的影响力现状较差。

二、广西民族传统体育与文化旅游产业市场融合情况分析

市场融合情况决定大健康产业背景下广西民族传统体育与文化旅游产业融合发展的效益。其中市场融合现状主要从民族传统体育与文化旅游产业融合发展的市场需求 C5、民族传统体育与文化旅游产业融合的利益因素 C6、广西民族传统体育与文化旅游产业融合的金融支持 C7、民族传统体育与文化旅游产业融合的效益影响 C8 共 4 个要素进行分析。

广西民族传统体育与文化旅游产业融合发展的市场需求 C5，评价结果为"好"。主要涵盖了客源市场潜力 D15、运动康养需求 D16 以及文化传承需求 D17 三个评价指标，其评价等级均为"好"。其中客源市场潜力现状主要从客源市场体量分析，据广西旅游抽样调查统计测算，2021 年全区共接待国内游

客 7.98 亿人次，同比增长 20.8%；实现国内旅游消费 9062.99 亿元，同比增长 24.8%；① 2022 年全区累计接待国内游客 5.89 亿人次，实现国内旅游收入 6418.33 亿元；② 2023 年广西的游客接待量约 8.2 亿人次，旅游总收入约 8600 亿元，③ 虽然与 2019 年相比还有差距，但是上升势头很迅猛。虽然受疫情影响，但从广西 2021 年到 2023 年的游客接待量的趋势可以看出，客源市场的潜力较大。

另外，伴随着经济稳步增长与生活品质的持续提升，消费者对健康与文化体验类旅游产品的需求呈现出旺盛态势，为广西开发高附加值旅游产品提供了广阔的市场空间。此外，"民族传统体育文化体验"作为一种新兴的旅游方式，正契合了现代人追求身心和谐与健康的生活理念和活动需求。广西凭借其丰富的民族传统体育资源，如花炮、珍珠球、蹴球、民族节日"三月三"等，结合其得天独厚的自然景观，积极打造民族传统体育文化旅游产品，以吸引更多的游客。最后，在满足文化传承需求方面，广西通过精心组织开展民族体育节庆活动、开设工作坊等多种形式，使游客能够亲身参与并体验民族传统体育项目，同时学习制作民族手工艺品等。此举不仅增强了广西文化传承的互动性与参与感，也进一步提升了广西旅游的文化内涵和吸引力。

广西民族传统体育与文化旅游产业融合的利益因素 C6 评价结果为"一般"。利益因素的现状主要包括了文化旅游投资与开发政策 D18、关于健康产业的政策与措施 D19、市场开发者对运动养生理念的认知 D20 和市场研发者对民族传统文化的认知 D21 共 4 个评价指标。首先，文化旅游投资与开发政策 D18 和关于健康产业的政策与措施 D19 的评价等级均为"好"。主要表现在政府的相关政策层面，近年来，为加速文化产业和旅游业的发展，广西壮族自治区文化和旅游厅、民政厅及卫生健康委联合发布了《广西文化旅游产业发展规划》，为广西仍处在新发展阶段的文化产业和旅游业发展提供了顶层设计和战略指导，旨在推动广西建设成文化旅游强区和世界级旅游目的地。

① 广西文化和旅游厅．山水不负追梦人！2021 年广西文化旅游高质量发展纪实［EB/OL］．百家号，2022-01-18．
② 2022 年旅游主要指标数据通报［EB/OL］．广西壮族自治区文化和旅游厅，2023-01-29．
③ 许丹婷，李志雄．广西文旅强劲复苏［N］．广西日报，2024-01-19（1）．

为实现这一目标，广西设立文化旅游产业发展基金、提供贷款贴息等，对重点文化旅游项目给予了有力的资金支持。同时，为明确健康产业的发展方向、重点任务及实施路径，广西制定并实施了多项健康产业专项政策和行动计划，例如《广西健康医疗产业发展专项行动计划（2019—2021年）》和《广西大健康产业发展规划（2021—2025年）》等。民族传统体育与文化旅游产业融合为健康产业的稳步发展提供了坚实的政策保障。其中，重点实施了"四个一百"培育工程，即着力打造100个健康产业特色小镇、推进100个健康产业重大项目、建设100个健康产业示范基地以及培育100个健康产业龙头企业，以此通过民族传统体育与文化旅游产业的融合推动健康产业的全面发展和优化升级。

然而，市场开发者对运动养生的认知D20及其对民族传统文化的认知D21的评价等级均为"较差"。开发者对相关理念的理解与认知决定着融合的趋势。广西部分开发者或企业对运动养生的理念认知不足，导致运动养生属性普遍流于运动形式，而忽视了结合广西丰富的民族传统体育资源进行创新性开发，导致市场上运动养生产品同质化现象严重。此外，在推广运动养生产品时，部分开发者未能提供充分的科学依据和专业指导，如缺乏针对个体化的运动量设定、适宜人群的划分以及运动与养生科学原理的深入阐释等，这在一定程度上降低了消费者的信任度和参与意愿。同时，市场开发者或企业对民族传统体育文化的认知方面也存在一定的不足。部分开发者可能未能充分认识到民族传统体育的文化教育价值和文化传播意义，因此在产品开发过程中未能有效融入教育体验元素，从而错失了传承和普及优秀传统文化的宝贵机会。此外，在追求经济效益的过程中，部分开发者可能过于强调商业化运作，而忽视了对传统民族文化的保护和传承，这不仅损害了文化的真实性，还可能引发当地社区的反感和抵触情绪。

广西民族传统体育与文化旅游产业融合的金融支持C7，评价结果为"较差"。主要包括政府支持力度D22和企业投资环境D23，其评价结果均为"较差"。当前，广西壮族自治区人民政府正致力于推进体育文化旅游与大健康产业的有机融合，但在针对民族传统体育与文化旅游产业深度融合的专项金融支持策略层面尚存不足。具体表现为相关政策的制定缺乏详尽性和针对性，未能充分涵盖直接的经济激励工具，比如，财政直补、税收减免政策以及优惠贷款利率等，这些缺失在一定程度上抑制了企业和私人资本对该领域的投资热情与参与度。此外，政府在构建多层次、宽领域的融资服务体系方面的工作进展有待加速，特别是在设立产业导向的投资基金、创业投资引领基金以及完善信贷担保机制等方面的举措尚未形成健全体系，这无疑限制了企业，尤其是创新型微小企业获取资金支持的渠道和效率。与此同时，企业界面临的融资难题亦不容忽视。严格的银行借贷标准、相对滞后的资本市场法，以及有限的风险投资和私募股权资金供给，共同构成了制约企业成长的资金瓶颈。更加复杂的是，地方保护主义倾向、对外来资本的非友善态度，加之商业诚信机制的不健全，进一步加剧了外部投资者的顾虑，影响其投资决策的正面性与积极性。

广西民族传统体育与文化旅游产业融合的效益影响 C8，评价结果为"较差"。主要包括了经济利益 D24、健康休闲效果 D25 以及文化传承保护程度 D26，其中经济利益的评价结果为"一般"，健康休闲效果与文化传承保护程度评价结果为"较差"。大健康产业与广西民族传统体育与文化旅游产业的深度融合，不仅推动了当地经济的多元化增长，同时实现了健康休闲效果的显著提升以及文化传承保护价值的彰显。从经济效益的角度来看，广西民族节庆活动和民族传统体育赛事等文化旅游产品展现出强劲的市场潜力。组织方管理人员表示，"三月三"旅游的人均消费可达 3000 元至 5000 元，显著超越普通观光游的旅游消费水平。这一市场定位成功吸引了大量追求文化深度体验的游客群体，为当地经济注入了新的活力。

在健康休闲效果方面，在绿色的生态环境和民族特色的文化环境中进行低负荷运动能有效降低血压、减少心脏病风险，同时有助于提升情绪状态、缓解压力。然而，广西部分地区康养景区在推动旅游发展的过程中，只关注了被动地进入康养景区的康养效果，而忽视了民族传统体育功能带来的健康休闲效果，存在"康养"产品"重养轻康"的现象。另外，广西民族传统体育与文化旅游产业融合过程中，出现了资源过度开发的问题。如未经科学规划的乡村旅游点盲目扩建，导致生态环境受到破坏，进而影响了自然疗法如森林浴、温泉疗养的实施效果。以温泉资源为例，过度开采而忽视水质维护，忽视生态平衡问题，将严重影响融合发展的长效性。在文化传承与保护方面，地方特色文化产品如手工艺品、民族服饰和传统美食等，不仅丰富了旅游市场的供给，也为游客提供了直观感受广西传统文化的机会。然而，一些地区的旅游产品同质化现象严重，缺乏对地域文化独特性的深入挖掘和展示。例如，不同民族的节庆活动往往被简化为形式相似的歌舞表演，缺乏对深层次文化习俗的呈现，导致文化传承停留在表面，难以让游客真正体验到文化的差异性和深厚的文化内涵。

综合以上对广西民族传统体育与文化旅游产业市场融合现状的详细分析，结合评价对比结果 C5>C6>C8>C7，可以看出，广西民族传统体育与文化旅游产业市场融合现状的情况中，市场需求情况好，市场利益平衡情况较一般，金融支持与融合效应的影响情况较差。

三、广西民族传统体育与文化旅游产业功能融合情况分析

功能融合决定着大健康产业背景下广西民族传统体育与文化旅游产业融合发展的丰富度。功能融合情况是从休闲娱乐功能 C9、文化传播功能 C10 和健康服务功能 C11 共 3 个要素进行分析。

广西民族传统体育与文化旅游产业融合的休闲娱乐功能 C9，评价结果为"一般"。包括了参与性 D27 和观赏性 D28，其评价结果均为"一般"。从参与性角度来看，广西通过在民族传统体育领域精心策划并推出一系列特色鲜明的体验式旅游项目，如壮族竹竿舞、瑶族长鼓舞以及苗族芦笙节等难度适宜、娱乐性较强、适用范围较广的项目，来推动民族传统体育与文化旅游产业融合。此举旨在让广大游客在欣赏这些民族传统体育项目精彩纷呈的表演之余，更能够激发其参与兴趣，愿意亲身参与其中，深度领略民族传统体育所蕴含的独特魅力。同时，通过文化旅游商品展示、游学研学的途径，积极组织当地知名的民族传统体育传承人，为游客提供原汁原味的技艺传授，如抛绣球等传统技能的教授，以增强游客的参与感和文化体验。此外，在健康养生领域，当地充分整合自然资源，如温泉、森林等，打造一系列将健康养生与民族传统体育相结合的特色活动，如瑜伽、太极、气功等训练营，旨在通过这些活动，满足不同的游客需求，吸引游客兴趣，提高参与率。

此外，从观赏性角度，广西注重举办具有地方特色和民族风情的民族传统体育节庆活动，如盛大的"三月三"歌圩节。这些活动将体育竞技、民族舞蹈、音乐演出等元素有机结合，为游客奉上一场视觉与文化的双重盛宴。然而，尽管广西在"体育+文化+康养+旅游"融合发展方面取得了显著成效，但在一些偏远少数民族地区，基础设施建设和配套服务方面仍有待加强。如交通设施、住宿条件、导览系统等仍需完善，导游服务水平、医疗急救设施等也需进一步提升。这些因素在一定程度上影响了游客的参与度和观赏体验。

广西民族传统体育与文化旅游产业融合的文化传播功能C10，评价结果为"一般"。主要涵盖地域文化D29、民族文化D30以及历史文化D31，其中地域文化与民族文化评价结果为"一般"，历史文化"较差"。在地域文化传播方面，广西的自然风光与民族文化资源较为丰富，广西民族传统体育与文化旅游产业融合产生的产品、活动等内容本身就是对地域文化的传播，且其传播功能效果较好。在民族文化传播方面，通过定期策划并组织各类民族体育节庆活动，如壮族的铜鼓节和瑶族的达努节等，来深度挖掘并展示各民族独特的文化魅力。并借助体育竞技的激烈角逐与舞蹈表演的艺术风采，以全方位、多角度的方式呈现各民族文化的精髓与特色，进而推动民族内部以及民族与外界之间的文化交流与融合。因此，广西民族传统体育与文化旅游产业融合的地域文化与民族文化传播情况较好。此外，在历史文化传播方面，通过将相关历史文化与体育活动相结合，游客不仅能在运动中领略到历史文化的厚重底蕴，还能在参与过程中增强对历史文化的感知与理解。例如，可以在柳州的白莲洞遗址等历史遗迹周边开展定向越野、历史文化徒步等体育活动。

然而，现阶段在文化传播过程中仍面临一定的挑战。由于缺乏有效的解说和教育机制，游客往往只能通过表面的观察来感知文化现象，而无法获得全面、准确的历史文化背景知识，这在一定程度上降低了文化传播的教育价值。

广西民族传统体育与文化旅游产业融合的健康服务功能C11，评价结果为"一般"。主要包括身体健康D32与心理健康D33，其评价结果为身体健康功能"一般"，心理健康功能"较差"。在大健康产业的背景下，广西民族传统体育与文化旅游产业的融合在促进身体健康与心理健康方面展现出了普遍的健康服务功能。在身体健康层面，许多民族传统体育活动，如壮族的板鞋竞走、瑶族的攀爬竹竿等，都是良好的有氧运动，能有效提高心肺功能、增强肌肉力量和耐力，促进身体素质的整体提升。并且广西还可依托其丰富的自然资源开发旅游项目，如山地徒步、森林浴、温泉疗养等，在这些活动中融入民族传统体育元素，不仅能够锻炼身体，还能借助自然环境的治愈力量，促进身体功能的康养恢复。在心理健康层面，通过深入了解和体验广西的民族文化，参与民族节庆和仪式，可以增进文化认同感和归属感，对游客来说是一种精神上的滋养，有助于缓解心理孤独和焦虑。然而，优质的心理健康服务资源可能集中于热门旅游地区，而一些偏远但文化丰富的少数民族地区可能因资源有限，难以提供同等水平的心理健康服务，从而影响整体心理健康功能的发挥。

综合以上对广西民族传统体育与文化旅游产业功能融合现状的详细分析，结合评价对比结果 C9>C10>C11，可以看出，广西民族传统体育与文化旅游产业功能融合现状的情况中，休闲娱乐功能的融合效果较好，文化传播功能与健康服务功能的融合效果次之。

四、广西民族传统体育与文化旅游产业技术融合情况分析

技术融合决定着大健康产业背景下广西民族传统体育与文化旅游产业融合发展的前景。技术融合情况是从融合业态的技术创新 C12、产品的技术创新 C13 共 2 个要素进行分析。

广西民族传统体育与文化旅游产业融合业态的技术创新 C12，评价结果为"很差"。主要包括融合产业体制创新 D34、融合产品市场创新 D35 以及融合产品管理创新 D36 共 3 项指标。融合产业体制创新 D34 的评价结果为"较差"。广西积极推进民族传统体育与文化旅游产业整合，但在地方层面，政策执行力度与效率呈现出不均衡状态，导致部分地区融合项目的推进进程受到一定阻滞。例如，部分健康旅游项目因土地审批和资金配套落实等问题，启动时间被迫推迟，从而对整体产业融合进度产生了影响。

融合产品市场创新 D35 的评价结果为"很差"。广西充分利用其丰富的民

族文化资源，引导企业开发了一系列具有创新性的旅游产品，如"民族体育文化节庆游""壮乡武术养生体验营"等，将民族传统体育竞技、健康养生与自然风光游览等元素有机融合。然而，尽管推出了多样化的健康旅游产品，但根据广西旅游大数据分析，部分产品与市场需求之间存在一定程度的脱节。例如，2023年游客满意度调查显示，有30%的受访者认为产品创新性不足，未能考虑个性化的定制需求。①

管理创新D36的评价结果为"很差"。广西壮族自治区人民政府与企业展开深度合作，引入智慧旅游管理平台，如"智游广西"APP，通过大数据分析精准把握游客行为特征，实现个性化旅游产品的精准推送，并实时收集用户反馈以优化服务策略。此外，巴马长寿养生国际旅游区还建立了一套完善的服务质量监测与反馈机制，结合顾客满意度调查结果，不断优化住宿、餐饮、运动健身等各个环节的服务质量。然而，尽管已建立相应的标准体系，但执行监督机制尚不完善，导致服务质量存在波动。例如，2023年广西旅游投诉数据显示，与健康旅游项目相关的投诉中，有35%涉及服务标准不达标问题，特别是健康管理服务的专业性和个性化程度有待提升。②

广西民族传统体育与文化旅游产业融合产品的技术创新C13，评价结果为"较差"。涵盖了民族传统体育文化旅游特色产品D37及其特色形式D38共2个评价指标，其评价结果均为"较差"。在特色产品方面，虽然广西充分整合了丰富的自然资源和深厚的民族医学智慧，成功打造了一系列独具特色的健康养生特色体验产品，诸如瑶浴疗法、壮医药膳体验以及竹林太极晨练等，然而，但在产品开发层面仍显创新不足，导致市场上的民族传统体育旅游产品呈现出较为明显的同质化趋势。具体而言，许多旅游线路仍停留在浅层次的民族传统体育体验活动上，如竹竿舞、抛绣球等，缺乏深度沉浸与个性化定制服务，难以契合游客对健康养生与文化深度探索的多元化诉求。在产品特色形式方面，通过精心设计情境式旅游线路，例如，"壮乡探秘·民族体育

① 中国消费者报. 广西壮族自治区桂林市消费者协会发布2023年消费投诉数据［EB/OL］. 中国消费者报, 2024-01-09.

② 中国消费者报. 广西壮族自治区桂林市消费者协会发布2023年消费投诉数据［EB/OL］. 中国消费者报, 2024-01-09.

之旅"，旨在让游客在专业导游的引导下，沿着精心规划的线路深入多个民族村落，亲身参与丰富多彩的体育活动，并在此过程中领略民族历史的厚重与习俗的独特魅力，从而增强旅游活动的深度与体验感。然而，在文化旅游特色形式的展现上，对民族传统体育中所蕴含的深厚历史、哲学思想及社会价值的挖掘尚显不足，导致文化展示多停留在表面。例如，壮族的民族传统体育项目"板鞋竞走"，它不仅是一项体育竞技活动，更是团队协作与和谐共处精神的生动体现，然而这种深层次的文化内涵在旅游展示中往往未能得到充分的体现与传达。

综合以上对广西民族传统体育与文化旅游产业技术融合现状的详细分析，结合评价对比结果 C13>C12，可以看出，广西民族传统体育与文化旅游产业技术融合现状的情况中，民族传统体育文化旅游特色产品与特色形式的创新度均较差。

第七章

广西民族传统体育与文化旅游产业融合案例分析

第一节 广西"壮族三月三"

一、广西"壮族三月三"活动的历史渊源

"壮族三月三"又称歌圩节、歌婆节或歌仙节,是壮族祭祀祖先、倚歌择配的传统节日,是壮族及其先民在特定的历史条件和生活环境下,经过日积月累而慢慢形成的一种具有壮族特色的传统节日。据广西壮族自治区相关人士介绍,由于壮族等先民在上古时期没有形成自己的民族文字,人们通过易于掌握和便于记忆的韵律结构和歌唱形式,并按照约定俗成的聚会惯例及活动仪规进行思想交流,传播民族文化知识(如图7-1所示)。

歌圩节发展到后来,不仅是青年男女唱歌传情、结缘的活动,还增加了抛绣球、抢花炮、演壮剧、舞龙舞狮、斗牛、斗彩蛋等文体活动。到"文革"时期,"壮族三月三"亦被禁,但人们仍在"壮族三月三"这天悄悄地到野外祭祖过节。改革开放后,"壮族三月三"歌圩节得以恢复。1983年,广西壮族自治区人民政府将每年的农历三月初三定为壮族的传统节日。1984年,广西开始筹备第一届"壮族三月三"歌圩节,同年4月3日,歌圩节在南宁市人民公园隆重举行,共有来自南宁、百色等地的482名歌手、5000多名各界群众参加了此次活动。当年,邮政部门甚至为此发行了纪念日戳卡,如今已成为集邮界珍品。此后,"壮族三月三"歌圩节陆续在桂林、柳州等市举

办，最后固定落址南宁，并成为南宁国际民歌艺术节的前身。

图 7-1 "壮族三月三"活动开展现场　　图 7-2 "壮族三月三"活动开展现场

到了 20 世纪 90 年代，随着改革开放地方经济的发展，麦克风、卡带收录机等电音设备开始进入城镇居民的生活，被运用到"壮族三月三"歌圩节，彩色照相机也开始使用，这些科技产品的出现，记录着"壮族三月三"歌圩节紧跟时代前进的步伐。2014 年，广西壮族自治区人民政府做出决定："壮族三月三"是广西少数民族传统节日。同年，"壮族三月三"传统节日首次被设为全区的公众假日。据 2014 年统计，全区 12 个世居民族中有 2700 多万人每年采取不同方式欢度"壮族三月三"，占全区总人口的 54%（如图 7-2 所示）。①

如今，自治区党委、政府高度重视，统筹部署"壮族三月三"传统节日各种活动的开展，广西各族人民共同参与，坚持创造性转化和创新性发展，"壮族三月三"已发展成广西各民族文化交流的大舞台，成为各族人民共享共乐的精神家园。广西将其从民族传统节日打造成为全民共享共建的民族文化旅游品牌。"广西三月三·八桂嘉年华"文化旅游品牌活动持续一个月，自治区层面将组织开展 9 项重点活动以及"桂风壮韵浓""相约游广西""民族体育炫""e 网喜乐购""和谐在八桂"五大版块共计 25 个大类活动，力图挖掘优秀传统文化和民族特色文化资源，把更多的文化积淀、文化符号、文化故

---

① 中国经济网．壮族三月三，广西人嗨翻了……（附大量珍贵历史照片）[EB/OL]．中国经济网，2018-04-18.

事融入"三月三"活动中，让游客在沉浸互动中领略广西的自然之美、人文之美、发展之美。各市县区也将持续发力，结合本地民族文化和传统习俗，组织开展"三月三"系列活动。例如，柳州市以鱼峰歌圩节为媒介，邀请全国 20 多个省、自治区、直辖市，以及马来西亚、越南、菲律宾等东盟国家的歌手，汇聚柳州进行艺术表演。百色市结合地方旅游资源，设计右江民歌、田阳舞狮、田东金锣舞、凌云长号、乐业舞龙、田林排鼓、隆林苗族芦笙舞、西林欧贵等非遗与民族传统体育文化展示，以吸引大量游客前来体验不同的民族文化，进一步促进民族文化的传播和交流。

广西"壮族三月三"已然衍化为一个集民族文化展示、交流、传承于一体的广阔舞台，为广西乃至全国各民族的快乐联欢和紧密团结提供了契机。这种深入的交往交流交融的节庆活动，实现了民族优秀文化资源的有效整合，进而推动了广西民族传统体育与文化旅游产业的融合。

二、广西"壮族三月三"民族传统体育节庆与文化旅游产业融合分析

"壮族三月三"节庆活动成功地与文化旅游活动进行了多元化融合，显著提升了广西多地的知名度。在资源融合层面，通过整合民族传统体育项目与当地自然资源、文化资源，成功打造出独具特色的旅游产品。例如，在"壮族三月三"期间，广西各地举办了一系列民族传统体育赛事，如独竹漂、抛绣球、板鞋竞速等（如图 7-3 至图 7-4 所示），这些民族传统体育赛事不仅充分展现了壮族及其他少数民族的体育文化，还吸引了大量游客前来观赏和体验。此外，广西打造"壮族三月三·畅游广西"旅游品牌，并推出了一系列民族传统体育文化旅游路线，涵盖民族村寨体验、民族传统体育观摩、民俗体育表演等内容，为游客提供了丰富多彩的旅游选择。根据广西壮族自治区文化和旅游厅最新发布的统计数据，2024 年"壮族三月三"节庆期间，广西地区接待的国内外游客数量创下了历史新高，总数超过 3000 万人次。同时，旅游业的总收入也迈过了 200 亿元人民币的里程碑。尤为引人注目的是，节庆旅游的游客占比超过 70%，这一数据有力证明了广西民族传统节庆与体育文化旅游对游客的强大吸引力。

图 7-3　板鞋竞速

图 7-4　独竹漂比赛

在市场融合方面，广西积极利用民族传统体育活动，以多元化的方式吸引不同游客群体，显著拓宽了旅游市场的边界。以桂林市为例，在"壮族三月三"的盛大庆典期间，通过提取民族传统体育赛事元素，巧妙融合了体育赛事与当地的山水风光，成功吸引了大量热爱户外运动及文化探寻的游客。此外，为确保民族传统体育融合项目的专业性和质量，广西精心策划并实施了针对健康旅游从业人员的系统培训计划。这一举措旨在全面提升服务人员的专业素养和技能水平。2022 年至 2024 年，超过 5000 名旅游从业者接受了与健康旅游服务紧密相关的专业培训，其中 30% 的受训者专注于民族传统体育的导览与解说，为游客提供更为专业、细致的服务。同时，市场开发者基于对运动养生理念的深刻理解和创新应用，精心策划并推出了独具特色的旅游产品。通过精准的市场定位和营销策略以及高效的服务保障体系，成功吸引了众多追求健康生活的游客，有力推动了旅游市场的繁荣与发展。例如，桂林阅秀文化旅游有限责任公司推出的"三月三健康养生之旅"，巧妙地将民族传统体育体验与养生讲座、自然疗法、健康膳食等元素相结合，为游客带来了身心愉悦的民族传统体育文化旅程的体验。

在功能融合方面，广西通过引入民族传统体育活动，提升了旅游目的地的整体体验质量，增强了游客的参与感和满意度。例如，龙胜县在"壮族三月三"期间，不仅举办了天琴音乐和原生态山歌的表演，还设置了民族传统体育体验区（如图 7-5 所示），让游客亲身体验民族传统体育的乐趣，这种沉浸式体验极大增强了游客对当地文化的情感连接和文化认同感。同样，在柳州三江侗族自治县，游客可以参与到侗族大歌、斗牛、抢花炮（如图 7-6 所示）等民族传统体育活动中，感受浓厚的侗族文化氛围，这些活动不仅丰富了游客的文化旅游体验，也促进了当地民族文化的传承。此外，广西多地在"三月三"期间推出了结合民族传统体育与养生理念的旅游产品，如"壮乡养生徒步之旅"。游客在享受自然风光的同时，还可以参加由专业教练指导的太极、瑜伽等养生课程，体验草药浴、艾灸等传统疗法，全方位提升身心健康。

图7-5　龙胜各族自治县　　　　　图7-6　抢花炮节庆活动

在技术融合方面，广西各地在"三月三"活动期间设立了民族文化交流中心，为游客提供民族服饰试穿、手工艺体验、民族体育舞蹈等教学等服务，加强了民族传统体育的文化教育与传播（如图7-7至图7-14所示）。据统计，2023年"三月三"期间，有近50万游客参与了民族文化教育与交流活动，其中，超过60%的参与者表示民族传统体育活动加深了他们对壮族文化的理解。① 不仅如此，广西壮族自治区人民政府积极运用数字化营销手段，通过社交媒体、旅游APP和官方网站等渠道，推广结合民族传统体育的健康旅游产品，有效提升了市场知名度。例如，2023年，广西健康旅游产品的在线搜索量增加了40%，社交媒体上关于"壮族三月三健康旅游"的话题浏览量突破1亿次，② 进一步推动了广西文化旅游产业的繁荣发展。

① 广西新闻网．"舆"你有关广西"壮族三月三"舆情大数据复盘｜潮起三月三·数说 [EB/OL]．广西新闻网，2023-05-27．

② 广西新闻网．"舆"你有关广西"壮族三月三"舆情大数据复盘｜潮起三月三·数说 [EB/OL]．广西新闻网，2023-05-27．

图 7-7 抛绣球

图 7-9 盛装竹竿舞圈圈舞大联欢

图 7-8 竹竿舞

图 7-10 和球比赛

图 7-11 踩风车

图 7-12 高脚马

图 7-13　唱山歌《刘三姐》　　　图 7-14　浦北县"广西三月三·悦享石
　　　　　　　　　　　　　　　　　祖茶旅"主题系列活动

三、广西"壮族三月三"民族传统体育节庆与文化旅游产业融合存在的问题

（一）民族传统体育节庆与文化旅游产业资源融合忽略了民族文化传承价值

"三月三"节庆活动的商业化程度日益加深，部分原本承载丰富民族传统的体育活动，例如，抛绣球、打陀螺等，逐渐转变为面向游客的观赏性表演项目。这种转变在一定程度上简化了民族体育竞赛的形式，却忽视了民族传统体育活动背后承载的深厚历史与文化价值。同时，随着"三月三"节庆活动的广泛流行，各地区为吸引游客出现相互模仿的现象，已导致原本各具特色的民族传统体育活动趋于同质化，丧失了其独特的文化魅力。例如，来宾市在 2021 年的"三月三"节庆期间，组织开展了跳竹竿舞的体验活动，但该活动时长过短，且缺乏对舞蹈背后文化意义的深入解说，使得体验效果浮于表面，未能充分展现其文化内涵。

（二）民族传统体育节庆与文化旅游产业市场融合供需错位

当前文化旅游市场存在产品需求与供给之间的错位现象。年轻游客对互动性强、融合科技元素的体验项目更感兴趣，但市场上此类产品供应相对较少。以 2021 年"壮族三月三"为例，南宁市青秀山风景区虽举办了多项民族传统体育活动和文化表演，但在市场定位上缺乏对特定目标群体的精准把握，资源分散，未能形成强大的市场吸引力。同时，尽管"壮族三月三"节庆带来了大量游客，但当地餐饮、住宿、交通和纪念品销售等上下游产业未能充分对接，形成无效的产业链条。此外，民族传统体育活动如打铜鼓、跳竹竿舞等，蕴含丰富的运动养生元素，但开发者与旅游从业者对此认识不足，导致在活动策划和宣传中，运动养生的概念未得到足够强调。

（三）民族传统体育节庆与文化旅游产业功能融合覆盖不全

虽然"三月三"节庆提供了丰富的文化体验机会，但部分民族传统体育文化旅游产品在文化传播和健康服务功能融合上仍存在融合深度和广度不足，未能充分展示民族传统体育与文化旅游产业功能融合的多样性。部分民族传统体育体验活动采用了单一的开展形式，缺少相关民俗的宣传，游客只是在"三月三"的节庆活动中体验了民族传统体育活动，对其背后的历史、文化与民俗并不知情，甚至对游客体验民族传统体育活动的安全性与科学性并未进行指导和监督。广西壮族自治区文化和旅游厅在2024年的报告中指出，有25%的游客表示希望有更深入的文化解读和参与。

（四）民族传统体育节庆与文化旅游产业技术融合创新不足

广西"壮族三月三"活动中创新技术的应用有限，民族传统体育项目在历年"壮族三月三"节庆活动中被反复利用，产品设计缺乏创新，与往年活动相似度高。同时，在线直播、虚拟现实（VR）体验等数字化手段虽在部分民族传统体育活动的开展中有所尝试，但不同地区和项目之间的数字化水平存在差异，影响了用户体验和参与度。因新技术的引入需较大的前期投入，对小型或乡村级活动而言，成本回收较为困难。

第二节　广西歌娅思谷运动休闲特色小镇

一、歌娅思谷运动休闲特色小镇的介绍

广西歌娅思谷运动休闲特色小镇（瑶语："歌"为地名，"娅思谷"为漂

亮瑶妹"阿娅"，歌娅思谷就是有漂亮瑶妹的地方），位于河池市南丹县里湖瑶族乡，是一个集民族传统体育、文化旅游、生态农业于一体的综合性文化旅游目的地。歌娅思谷所在的小镇是白裤瑶人的聚集区，小镇总人口4.3万人，其中白裤瑶人口3.5万人。该区域有丰富的民族体育传统，是传承发展民族传统体育和建设运动休闲特色小镇的胜地，并围绕白裤瑶婚俗、葬礼、服饰、宗教、饮食、陀螺、铜鼓等多种浓郁民族特色文化在小镇内开展多元化民俗活动。歌娅思谷运动休闲特色小镇不仅成为国家体育产业示范项目，同时也为广西乃至全国提供了民族传统体育与文化旅游融合发展的成功范例。

二、歌娅思谷运动休闲特色小镇民族传统体育与文化旅游产业融合现状

歌娅思谷运动休闲特色小镇作为广西在民族传统体育与文化旅游领域融合发展的杰出代表，其典范性体现在多方面。在资源整合方面，白裤瑶群众历来有着热爱民族传统体育的优良传统，在春节、元宵、三月三、端午、中秋等传统节日，组织开展舞狮、舞龙、打陀螺、板鞋舞、踩高跷、抛绣球、打腰鼓、斗牛等民族传统体育竞技活动（如图7-15至图7-16所示），夯实了建设民族传统体育特色基地的基础。该民族传统体育特色基地共建有30多个体育运动场所及民族传统体育表演实景舞台等，其中包括5个达到国家级标准可提供运动会赛事的训练基地，同时加强对民族传统体育运动员的培养，致力于打造一批民族传统体育名人，传承弘扬民族传统体育优秀传统，通过创新培育体育特色品牌，提升文化旅游产业经济效益，着力打响"最炫民族风"的体育旅游金字招牌。歌娅思谷运动休闲特色体育小镇通过深度挖掘并妥善利用白裤瑶族的丰富文化遗产，成功将其独特的"文化符号"转化为旅游的核心吸引力（如图7-17至图7-18所示）。同时，小镇内的白裤瑶民俗风情园全面展示了白裤瑶的民居、服饰及传统手工艺，并定期举办如铜鼓舞、陀螺比赛等民族传统体育活动，让游客能够直观感受并亲身体验白裤瑶文化的非凡魅力。此外，歌娅思谷田园综合体将生态农业与休闲旅游紧密结合，游客在此不仅能够领略到农耕文化的魅力，还能参与果蔬采摘活动，品尝有机农产品，这种创新的体验式旅游模式吸引了大量游客的积极参与。

图 7-15 白裤瑶上刀山活动　　　　图 7-16 白裤瑶下火海活动

图 7-17 白裤瑶服饰　　　　图 7-18 白裤瑶长席宴长廊

　　在市场融合方面，依托歌娅思谷国家 4A 级旅游景区的优势和白裤瑶神秘而独特的民俗文化，广西壮族自治区体育局积极培育歌娅思谷民族传统体育运动基地，创新打造"体、旅、文、商、农"等多产业融合发展模式，助力地方脱贫攻坚和经济社会发展，先后获评全国景区带村扶贫重点项目、全国光彩事业重点项目、广西扶贫重点项目。广西壮族自治区人民政府联合金融机构提供了低于市场平均水平的政策性贷款，并辅以财政补贴，主要用于基础设施建设和民族体育项目的开发。2019 年，歌娅思谷运动休闲特色小镇的建设获得了 17.7 亿元的总投资，其中体旅融合投资高达 11 亿元，重点兴建白裤瑶文化商业街区、白裤瑶民俗文化传承产业园、白裤瑶民族商品加工产业园、民族传统体育产业园、大型实景表演舞台、旅游产业配套设施等，引导群众参与商业经营活动，打造农家乐、民俗酒店、手工作坊等（如图 7-19至图 7-20 所示）。目前小镇内已经建成 30 间扶贫商铺，1 个农夫集市，免费提供给"十三五"在册贫困户，指导他们经商，直至其脱贫。定期举办白裤瑶"瑶年节""年街节"等系列文旅体育活动，吸引区内外广大游客前来参观游玩，农户经营农家乐、在景区务工每年收入稳定增长。创新实行"公司+基地+农户"的经营模式，由公司出项目、出技术、出资金，农户出土地、出人力，以每亩600元租金实现土地流转，让贫困户以获得租金和务工的方式来增加收入，实现脱贫致富。鼓励地方群众通过旅游资源入股、投工投劳等运作模式带动创收扶贫。据统计，基地中参与体育及文化旅游开发的群众年人均收入从2016年的12860元提高到2018年的26560元，仅歌娅思谷景区就辐射带动里湖瑶族乡瑶里村、里湖社区和城关镇恩村共549户群众参与乡村体育旅游事业，共有贫困户139户569人在景区发展中获益，其中103户贫困户443人实现脱贫。2023年，小镇接待游客总数超过30万人次，其中国际游客占比从2019年的5%增长到10%，国内游客的重复访问率也从20%提升至30%。①

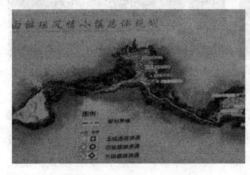　

图7-19　歌娅思谷小镇　　　　　　　　图7-20　白裤瑶寨子

在功能融合方面，结合自然资源和人文优势，广西壮族自治区体育局指导和支持歌娅思谷大力发展户外运动和民族传统体育运动，积极引进和举办各类户外运动大赛、精品体育赛事，将传统的"观光游"发展为"休闲体验游"，吸引越来越多的体育爱好者和游客前往，参与户外休闲运动，感受另一面的山水旅游的魅力。以赛促旅，借赛兴游，歌娅思谷积极把民

---

① 抓特色树品牌　重融合强示范：广西歌娅思谷体育运动基地获评国家体育产业示范项目[EB/OL]．广西壮族自治区体育局，2019-05-14．

族传统体育与文化旅游产业进行有机融合，2016 年至 2019 年，先后举办了东盟散打国际擂台赛、2017 年全国山地自行车冠军赛（第三站）、2018 丹泉杯自行车赛、2018"三月三"广西民族活动分会场、2016 年至 2019 年白裤瑶年街节（如图 7-21 所示）、小年节等民族传统体育表演活动等，吸引区内外多家媒体进行报道，知名度和影响力不断提升。各类民族传统体育文化表演与赛事、定期周末开展的篝火晚会（如图 7-22 所示）与民族体育表演等，不仅吸引各地游客纷至沓来，也给当地群众带来致富新商机，提供了就业新平台。

在技术融合方面，歌娅思谷积极运用数字化技术，搭建智慧旅游平台，整合虚拟现实（VR）、增强现实（AR）和移动应用程序等多种技术手段。游客可通过手机应用预约体验白裤瑶民族传统体育项目，如陀螺、铜鼓舞等，同时还可借助 VR 技术实现未开放区域的虚拟游览。自 2019 年以来，歌娅思谷智慧旅游平台注册用户已超过 10 万人，其中 VR 体验的使用次数超过 5 万次，显著提高了游客的参与度和满意度。

图 7-21　白裤瑶年街节迎宾仪式　　　　图 7-22　白裤瑶族篝火晚会

三、歌娅思谷运动休闲特色小镇民族传统体育与文化旅游产业融合问题

（一）民族传统体育与文化旅游产业资源融合条件较差

歌娅思谷运动休闲特色小镇坐拥着丰富的户外运动资源，受政府扶持，但其地理位置偏远，距离主要城市中心较远，且公共交通不便，给游客的到访带来了一定的困难，从而影响了游客流量的增长。同时，小镇内部的基础设施建设尚待完善，缺乏足够的停车场和明确的标识系统，给自驾的游客带来了诸多不便。此外，尽管歌娅思谷拥有独特的民族传统体育资源，但在将

这些资源转化为创意旅游产品以吸引游客方面，仍存在较大的提升空间，导致目前游客体验相对单一，小镇难以满足多元化的旅游需求。南丹县文化广电体育和旅游局发布的 2022 年年度报告中指出，歌娅思谷全年推出的与民族传统体育相关的创意旅游产品共计 15 项，但其中真正受到游客广泛认可并产生良好反馈的产品数量有限，不超过 5 项。①

（二）民族传统体育与文化旅游产业市场融合扩展度不足

歌娅思谷运动休闲特色体育在民族传统体育与文化旅游产业融合领域已取得初步成效，但从客源市场潜力角度考量，歌娅思谷运动休闲特色小镇当前的客源主要集中于周边省份及国内游客，国际游客的占比偏低。2023 年南丹县的旅游统计数据显示，国际游客仅占游客总量的 7%，相较于同区域内其他知名景点如桂林漓江，其国际游客占比超过 20%，显示出较大的市场潜力差距。此外，在运动养生服务的开发上，存在对运动养生理念理解不深刻的问题。据访谈了解，小镇内推出的运动养生项目中，仅有约 30% 真正融合了中医理论、民族传统养生法与现代健康管理理念，其余项目多数系常规体育活动的直接衍生，未能充分展现其深度与融入当地民族文化的独特特色。②

（三）民族传统体育与文化旅游产业融合忽视了文化传播功能

歌娅思谷运动休闲特色小镇在追求经济效益的同时，过度追求市场化，导致忽略了民族文化传播的功能。以歌娅思谷举办的"白裤瑶节庆活动"为例，随着其规模的不断扩大，商业化元素的融入，过度的商品销售和表演性质的民俗展示逐渐增多，对节庆活动所承载的民族文化内涵的纯粹性造成了一定影响。此外，尽管歌娅思谷运动休闲特色体育小镇以白裤瑶文化为特色，但对民族传统体育文化旅游的心理功能开发不足，当前该活动主要聚焦于观光和体育锻炼，而在通过深度文化沉浸、冥想或情绪调节技巧等手段，帮助游客达到放松心情、缓解压力的目的方面仍有待加强。

---

① 南丹县人民政府办公室关于印发《南丹县特色产业发展"十四五"规划（修订版）》的通知 [EB/OL].广西河池南丹县人民政府门户网站，2023-10-29.

② 南丹县统计局.2023 年南丹县国民经济和社会发展统计公报 [EB/OL].广西河池南丹县人民政府门户网站，2024-07-15.

（四）民族传统体育与文化旅游产业融合缺少技术指导

歌娅思谷运动休闲特色小镇在产业链条延伸与整合方面，包括体育赛事、文化体验、休闲农业、健康养生等领域的联动效应尚待充分展现。根据走访，小镇的产业链条整合度目前达到60%，仍有高达40%的潜在发展空间亟待挖掘。同时，经过综合评估，歌娅思谷小镇的智慧化水平指数仅为65分，这一数据显著低于同类型小镇的平均水平80分。这表明，在科技应用及智慧化建设的关键领域，如智能导览、在线预订以及虚拟现实体验等方面，歌娅思谷小镇与行业标杆相比，仍存在一定的差距，需要进一步加强相关建设和优化。

第三节 罗城仫佬族自治县

一、罗城仫佬族自治县的基本情况

罗城作为全国唯一的仫佬族自治县，截至2022年年底，仫佬族人口占全国的60%以上，户籍人口达38.61万人，常住人口27.11万人。全县总人口还涵盖了苗、侗、壮、瑶等11个少数民族，是极具代表的少数民族聚居地，孕育出了极具仫佬族特征的依饭节、走坡节、仫佬族刺绣、仫佬族舞草龙、仫佬族婚俗等多项国家及自治区级非物质文化遗产代表性项目（如图7-23至图7-24所示），突显着仫佬族文化特征的多样性。仫佬族形成了与该民族人民生产活动和生活实践相关的民族传统体育项目，通过民族传统体育活动续写了该民族特有的生活习惯、宗教信仰、节日习俗等民族文化特色。罗城仫佬族自治县地处于广西著名的桂北特色旅游地之中，拥有丰富的生态和民族文化旅游资源。仫佬族民族传统体育活动项目特色突出且蕴含着丰富的民族特色文化，为民族传统体育与文化旅游的融合发展奠定了重要的资源基础。

图 7-23　自治区级非物质文化　　图 7-24　罗城仫佬族依饭文化节活动现场
遗产仫佬族走坡节

二、罗城仫佬族自治县民族传统体育与文化旅游融合现状

随着经济发展，文化旅游经济已成为罗城仫佬族自治县的经济支柱，文化旅游产品的需求逐渐寻求多元化，罗城仫佬族自治县政府与旅游企业根据地区特色，通过功能融合、资源融合、市场融合与技术融合，来适应在现代社会发展影响下带来的市场需求变化与旅游消费者追求高品质旅游产品与服务的需要，促使单一的观光旅游模式开始向多元旅游模式方向发展。

在资源融合方面，在多元旅游模式的驱动下，产业间的互动合作不断增强。罗城县招商引资、参加旅游发展大会，旅游外商企业看到仫佬族民族文化资源发展的潜在价值，先后投资建立广西石围古村旅游开发有限公司、罗城棉花天坑旅游开发有限公司以及其他小型企业的进入，2023 年成功签约总投资 15 亿元的仫佬古城旅游综合开发项目。在广西罗城仫佬风情旅行社有限责任公司关联下，促使企业与项目之间进行资源共享与功能延伸，构成生态康养、红色旅游、民族文化旅游路线。另外，罗城仫佬族自治县与区内多所高校和研究机构建立了紧密的合作关系，共同开展民族传统体育与旅游融合的课题研究，为产业发展提供了强有力的智力支持。同时，通过产学研合作模式，为学生提供了丰富的实习和就业机会，有效促进了人才的双向流动。据统计，2023 年至 2024 年间，罗城仫佬族自治县与广西师范大学、桂林旅游学院等高校合作，成功完成了 5 个相关研究项目，为当地培养了近百名旅游与体育管理领域的专业人才。①

在功能融合方面，罗城县自然、文化旅游资源丰富，在文化旅游产品开发初期仅以发展观光旅游项目为主。但随着市场需求的不断变化，仫佬族民族传统体育逐渐向文化旅游产业进行渗透，仫佬族民族传统体育与文化旅游产业之间的文化传播、休闲娱乐、经济价值与功能在相互作用下其价值被放大，民族传统体育与文化旅游产业内部之间开始进行重组，形成新的旅游商品。例如，罗城县将仫佬族民俗风情、宗教活动、特色商品等文化资源融入旅游产业当中（如图 7-25 至 7-26 所示），打造有规模的依饭节与走坡节；建设罗城仫佬族博物馆、仫佬族民俗博物馆和罗城县文化馆。

图 7-25　仫佬族草编体验活动　　　　图 7-26　仫佬族草编体验活动

在技术融合方面，罗城县运用技术实现了旅游服务质量的提升。在仫佬族文化保护方面，政府部门购买"博看数字资源"与"超星读书"数字应用小程序，在仫佬族博物馆中实现馆藏数字化保护，提升仫佬族文物的保护质量。在公共服务体系方面，建立智慧旅游服务与监管平台，运用应用小程序实现旅游信息查询、预约、购票等智慧旅游功能，满足游客"一站式"制定旅游规划的需要，增加游客便利。根据罗城县文化广电体育和旅游局的数据，自 2023 年起，通过智能化旅游服务平台的应用，线上游客服务满意度提升至

①　罗城县委组织部.罗城："高校直通车"精准引才　筑好聚才育才蓄水池［EB/OL］.人民网，2024-05-14.

95%，在线预订比例超过70%，有效减少了游客排队等候时间，显著提升了整体旅游体验。在交通设施方面，已顺利开通高速公路，实现村村通路，建立起交通枢纽基础，缩短景区间的往返时间，为推进以龙胜—三江—融水—罗城—宜州—环江—南丹为主要线路的桂西北少数民族风情旅游线路提供交通便利。

在市场融合方面，民族传统体育与文化旅游产业的技术、资源和功能融合形成后，融合型产品进入了市场，市场融合逐渐呈现。罗城县充分利用民族传统体育赛事作为吸引游客的重要抓手，通过举办仫佬族依饭节、民族传统体育邀请赛等活动（如图7-27至图7-28所示），吸引了来自全国各地的参赛者和观众，有效拓宽了文化旅游市场。此外，罗城县还与旅行社紧密合作，精心设计了包含民族体育体验的旅游线路，进一步提升了旅游产品的吸引力。并通过民族传统体育文化特色的市场对旅游产品进行营销，在网络平台、微信公众号等各渠道进行宣传。仫佬族民族传统体育与文化旅游融合产品逐渐进入大众的视野。

图7-27　依饭节的"敬献稻穗"仪式　　图7-28　仫佬族歌手银悦西在依饭节表演歌舞

三、罗城仫佬族自治县民族传统体育与文化旅游融合问题

（一）民族传统体育与文化旅游产业资源融合协调能力不足

罗城仫佬族自治县在推进民族传统体育与文化旅游融合发展的过程中，遭遇了跨部门协调不足与资源分散的双重挑战。以该县举办的"壮歌大赛"为例，该赛事不仅旨在展现仫佬族独特的民族文化，更是一次促进文化旅游业繁荣的重要活动。然而，在赛事的筹备与执行阶段，由于组织部门间的协

调机制不畅，出现了资源分配的不合理现象，如赛事宣传与旅游推广活动的时间重叠，未能形成有效的合力。此外，罗城仫佬族自治县当前健康旅游示范基地的数量相对有限，且空间分布不均，未能充分发掘和利用其丰富的自然与文化资源。官方统计数据显示，全县仅有5处经过认定的健康旅游示范基地。以"天门山景区"为例，其地理位置相对偏远，且交通设施尚不完善，这在一定程度上降低了游客抵达景区的便捷性，进而影响了其作为旅游目的地的吸引力。同时，景区内部的体育设施布局零散，且受限于地形地貌条件，难以满足举办大型体育赛事的需求。

（二）民族传统体育与文化旅游产业市场融合利益主体不平衡

在市场融合方面，在旅游产品的策划与市场推广的环节中，部分市场开发者对民族文化的独特性与敏感性缺乏全面把握和尊重，这导致了文化误读或不当呈现的现象。他们往往仅聚焦于表面化的文化元素，如服饰、音乐和舞蹈，而未能深入理解和展现这些元素背后所承载的深厚历史背景、哲学理念及独特生活方式，进而使得旅游体验趋于表层化，缺乏应有的深度。以"仫佬竹球"为例，作为罗城仫佬族自治县文化旅游产业的一大亮点（如图7-29所示），这一具有鲜明仫佬族特色的民族传统体育项目在商业化与市场推广过程中，部分市场开发者对其背后的文化意义及规则理解不够深入，将其简化为一种娱乐工具，从而忽略了其作为民族文化传承与展示的重要载体价值。同时，罗城仫佬族自治县的部分民族传统体育活动受到季节性气候条件的限制，与旅游高峰期可能存在时间冲突，从而影响活动的吸引力和参与度。据罗城仫佬族自治县气象局报告，每年夏季和秋季的雨季期间，因天气原因取消或延期的户外体育活动比例高达20%。此外，一些民族传统体育项目对参与者设有特定的身体条件和技能要求，这也在一定程度上限制了目标受众的范围，影响了活动的普及性和吸引力。以舞草龙民族传统体育为例，"草龙"体型大、重量重（如图7-30所示），且舞草龙对参与者的体力和技巧有一定要求，为此，舞草龙通常以民族传统体育表演的形式开展，从而限制了部分游客的参与。[①]

---

① 雷新玉. 罗城县45年气温、降水变化特征分析 [J]. 气象研究与应用, 2008 (S1): 89-91.

图 7-29　仫佬族抢竹球　　　　　　　图 7-23　仫佬族舞草龙

（三）民族传统体育与文化旅游产业健康和心理服务功能融合不充分

在功能融合层面，民族传统体育活动虽在健康促进方面展现出显著优势，但在与文化旅游产业的融合进程中，明显缺乏一套全面而系统的健康促进规划，包括但不限于常态化的体育锻炼课程和健康知识普及讲座。以罗城仫佬族自治县举办的"仫佬族体育文化节"为例，活动期间主办方对与仫佬族体育紧密相关的健康指导内容，如运动前后的饮食建议、特定运动的热身与拉伸技巧等，并未进行深入且详尽的阐释。此外，企业在文化旅游项目的策划与推广过程中，对心理健康层面的效益关注不足，缺乏相应的宣传与强调，从而未能使游客充分认识到参与民族传统体育活动对心理健康的积极影响。同时，游客与当地居民在民族传统体育活动对心理健康的促进作用方面的认知尚显不足，需要进一步强化相关知识的普及与教育。例如，罗城仫佬族自治县举办的"释放压力、合作共赢"跑步活动，虽以心理健康为主题，但在专业心理咨询师的现场指导和支持方面仍有待加强。

（四）民族传统体育与文化旅游产业技术融合创新不足

在技术融合层面，部分旅游企业在创新思维方面存在明显不足，未能有效融合民族传统体育的独特魅力与现代旅游的发展潮流，以推出具有创新性的融合产品。以 2023 年"壮族三月三"为例，罗城仫佬族自治县米椎林景区虽举办了包括抢粽粑、仫佬竹球在内的民族传统体育竞技活动，但活动形式与内容缺乏显著的创新性，导致难以吸引回头客。同时，在特色产品的开发与运营过程中，当地社区及民族传统体育传承人的参与度偏低，这对产品的真实性与文化传承的完整性产生了一定影响。此外，产品推广策略过于依赖线下渠道，对线上平台的利用程度不足，导致外地游客对产品的知晓率有限。例如，罗城仫佬族自治县的部分旅游企业尚未充分运用数字技术以提升服务质量，如虚拟导览及智能导游服务等。尽管在 2023 年年末，该县已投资 435 万元用于游客服务中心的建设，但数字化服务设施仍有待完善。

第四节　柳州融水苗族自治县

一、柳州融水苗族自治县的基本情况

柳州融水苗族自治县于 1952 年 11 月 26 日正式设立。该县坐落于云贵高原苗岭山脉的东延地带，县域幅员辽阔，总面积达到 4665 平方千米，是广西地区面积较大的县级行政单位之一。该县聚居着苗、瑶、侗、壮、汉等 10 余个民族，共同孕育了丰富多彩的多元文化景观。据最新官方统计数据，截至 2022 年年底，融水苗族自治县户籍总人口已达到 52.42 万人，其中苗族人口占比显著，约为 21.86 万人。少数民族人口在该县总人口中的占比高达 75.27%，这一数据充分彰显了融水苗族自治县作为多民族聚居地区的典型特征。融水苗族自治县素有"中国斗马之乡"的美誉（如图 7-31 所示），其斗马文化历史悠久，可追溯至 500 余年以前。该县不仅珍视并传承这一独特的文化遗产，还积极挖掘与弘扬其他民族传统体育项目，如芦笙舞、爬坡节、闹鱼节等（如图 7-32 所示）。这些丰富多彩的文化活动极大地丰富了当地民众的精神文化生活，同时也为融水苗族自治县文化旅游产业的发展注入了新的活力与动力。依托得天独厚的自然资源，如元宝山国家森林公园、九万山国家级自然保护区等，融水苗族自治县成功打造了一批国家 4A 级旅游景区，包括龙女沟景区、民族体育公园景区、梦鸣苗寨民俗文化体验园等。这些景区的建立不仅提升了融水苗族自治县的旅游吸引力，也促进了当地经济社会

的全面发展。此外，融水苗族自治县还不断探索和实践"景区+"的发展新模式，将民族文化、乡村旅游、生态旅游等元素有机融合，推出了一系列具有浓郁地方特色的旅游产品和线路。这些举措进一步提升了融水苗族自治县旅游景区的知名度和影响力，为当地文化旅游产业的持续繁荣发展奠定了坚实的基础。

图7-31 新禾节斗马比赛

图7-32 融水苗寨"闹鱼节"

二、融水苗族自治县民族传统体育与文化旅游融合现状

在资源融合方面，柳州市政府自2019年起已陆续推出一系列的政策措施，旨在全面推动文化旅游产业实现高质量发展。《融水苗族自治县加快文化旅游产业高质量发展奖励办法》等文件的正式颁布，为资源融合奠定了坚实的政策基础，构建了一个稳固的支持框架。政府始终秉持"政府引导、市场运作、群众参与、加快发展"的核心原则，通过精心策划与实施《融水苗族自治县文化传承与发展的实施方案》等关键战略文件，积极引导并促进了民族传统体育与文化旅游产业之间的深度融合。此举不仅丰富了文化旅游的内涵，也提升了产业发展的层次与水平。为进一步加速产业发展步伐，政府还采取了包括招商引资在内的多元化手段，成功吸引了大量外部资本的注入。这些资本的流入为融水苗族自治县民族传统体育与文化旅游产业的蓬勃发展提供了强有力的资金支持，注入了新的活力与动力。例如，得益于外部投资的积极参与，融水苗族自治县已成功组建多家旅游开发企业，这些企业充分发挥自身优势，积极投身于文化旅游项目的规划、建设与运营之中，为地方经济的持续繁荣贡献了新的力量。值得一提的是，2023年融水苗族自治县在

文旅产业发展方面取得了重大突破，成功签约了总投资额高达 15 亿元的大型文化旅游综合开发项目。这一成就不仅彰显了外部投资者对融水独特旅游资源价值的广泛认可与高度信赖，也标志着该县文旅产业发展迈上了新的台阶。此外，融水苗族自治县还充分利用当地丰富的民族文化资源，精心策划并推出了一系列具有鲜明地方特色的文化旅游项目。如安陲乡乌吉苗寨吹笙舞、汪洞乡"炮龙节"等活动的成功举办（如图 7-33 至 7-34 所示），不仅生动展示了苗族文化的深厚底蕴与独特魅力，也为当地带来了显著的经济效益与社会效益。同时，举办苗族拉鼓等民族传统体育赛事，不仅促进了民族文化的传承与传播，还吸引了大量游客前来观光旅游，有效拉动了旅游消费的增长，为地方经济培育了新的增长极。

图 7-33　安陲乡乌吉苗寨吹笙舞

图 7-34　汪洞乡"炮龙节"

在功能整合层面，融水苗族自治县依托其深厚的民族文化底蕴，将民族传统体育活动巧妙融入文化旅游产品的设计中。苗族拉鼓活动，作为民族庆典的重要组成部分，现已转变为独具特色的旅游吸引物，为游客提供全新的体验视角。此外，通过系统性地整合民族传统体育、生态康养、休闲旅游等多个元素，该县精心规划了多条富有特色的文化旅游线路。其中，围绕苗族民俗文化、宗教活动等核心要素，成功打造了一系列以苗族文化为灵魂的旅游体验项目，增强了游客的文化沉浸感。鉴于当代社会对健康生活方式的高度关注，融水苗族自治县进一步将民族传统体育与健康养生理念相融合，创新推出了以民族传统体育体验为核心的健康养生旅游产品。此类产品不仅让游客在参与苗族拉鼓比赛、竹竿舞等民族传统体育活动时锻炼身体，还引导他们学习并实践苗族的养生之道，实现了身心健康的双重提升。为了深化民族传统体育活动与旅游的联动效应，融水苗族自治县积极策划并举办各类文化旅游节庆活动，如芦笙斗马文化节、拉鼓比赛等。这些活动不仅为游客提供了观赏民族传统体育竞技的绝佳平台，还鼓励他们亲身参与苗族的传统活动，全面体验苗族的饮食文化、服饰特色及音乐艺术，增强了旅游体验的深度与广度。在文化遗产保护与开发并重的原则指导下，融水苗族自治县将文化遗产转化为旅游体验的重要组成部分。通过建设苗族民俗博物馆、文化馆等基础设施，该县为游客创造了近距离接触和深入了解苗族历史文化的机会。在博物馆内，游客不仅可以学习苗族的风俗习惯，还能亲手参与苗族刺绣、编织等手工艺制作活动，这些互动体验不仅丰富了游客的旅行内容，也有效促进了文化遗产的传承与发展。

在技术融合方面，融水苗族自治县充分依托互联网技术与大数据分析，精心打造了一个集信息发布、旅游预订及文化传播等功能于一体的综合性数字平台。该平台通过微信小程序、APP 等多元化渠道，为游客提供便捷的信息获取服务，涵盖当地民族文化活动、特色体育赛事等资讯。同时，游客可在线完成票务购买与住宿预订等，极大地提升了旅游体验的便捷性。此外，融水县境内的七彩农场，作为一处综合性旅游胜地，巧妙融合了农业观光、休闲娱乐与健康养生等多重体验。农场运用物联网技术，实现了对农作物生长状况的精准监控，并为游客提供农耕文化体验与苗族传统体育活动的参与机会。游客在专业指导下，可亲身体验传统农具耕作，深切感受农耕文化的独特魅力。为进一步丰富游客的沉浸式体验，融水苗族自治县部分景点引入了 VR 技术。在苗族传统体育项目的体验中，游客可通过VR 设备模拟参与斗马、射箭等活动，使游客能够更加直观地感受当地文化的独特韵味。在荣地侗寨、培秀苗寨等重要文化旅游景点，智能导览系统已全面覆盖。该系统通过智能手机应用程序提供多语种解说服务，为游客提供深入了解当地历史文化及传统体育活动背景的机会，有效提升了游客的游览体验。此外，融水苗族自治县双龙沟景区也积极利用现代信息技术，开发了一款手机应用。该应用不仅为游客提供了预约参与苗族斗马节等传统体育活动的便捷渠道，还提供了详尽的苗族文化信息，使游客能够全方位领略双龙沟的自然风光与苗族文化的精髓。2022 年至 2024 年，融水苗族自治县文化旅游产业的总收入增长了约 20%，其中通过数字化手段吸引的游客比例提升了 15%。特别是在 2023 年的苗族斗马节期间，通过线上平台预订门票的游客数量比上年同期增加了 30%，而参与 VR 体验项目的游客反馈满意度达到了 95% 以上。

在市场融合方面，凭借本地丰富的中草药资源，融水苗族自治县精心打造了一系列苗族传统药浴体验项目。游客可在此享受以纯天然草药为特色的药浴，这既是一种身心放松的享受，也是深入了解苗族传统医药文化的契机。据统计，该项目自启动以来，年接待游客量已突破 5 万大关，并持续展现出稳健的增长态势。① 为进一步促进健康与旅游的融合发展，融水苗族自治县携手多家权威医疗机构，共同推出了"健康养生之旅"综合套餐。该套餐不仅涵盖了丰富的民族传统体育活动，还融合了专业的健康管理咨询及体检服务，旨在为游客提供全方位的健康旅游体验。自 2022 年面世以来，该套餐已成功吸引约千名游客参与，其中多数游客对此类将健康管理与文化旅游巧妙结合的新模式给予了高度评价。此外，融水苗族自治县还积极开发了一系列文化旅游线路，如"苗乡风情游"，该线路集参观民族村寨、体验传统体育活动于一体，让游客有机会亲身体验苗族婚礼的独特魅力，并品尝地道的苗族美食。自推出后，"苗乡风情游"线路便迅速成为热门之选，年接待游客量超过 2 万人次，深受市场青睐。为进一步提升旅游吸引力，融水苗族自治县还定期举办各类民族传统体育赛事，如苗族斗马节、百鸟衣芦笙节、安陲乡"芒篙节"等（如图 7-35 至 7-36 所示），吸引了国内外众多游客前来观赛与参与。特别是苗族斗马节，其影响力逐年扩大，从 2022 年至 2024 年，游客人数年均增长率高达 15%，2024 年斗马节期间更是迎来了近 10 万游客到访的盛况。

---

① 中国新闻网. 广西融水"风情苗乡双庆节"吸引八方宾客 接待游客 20 万人次
　[EB/OL]. 中国新闻网，2023-10-07.

图7-35　百鸟衣芦笙节　　　　　图7-36　安陲乡"芒篙节

三、融水苗族自治县民族传统体育与文化旅游融合问题

（一）民族传统体育与文化旅游产业资源整合度不足

融水苗族自治县坐拥丰富的民族传统体育资源和文化旅游资源，但在具体开发进程中，部分资源的整合及利用水平尚待提升，资源开发利用效率偏低。具体而言，部分独具民族特色的体育项目（诸如芦笙舞、斗马等）与旅游景点的联动不够紧密，限制了游客体验的丰富性和深入性。再者，产业商品结构呈现出不均衡的态势。当前，融水苗族自治县的民族传统体育与文化旅游产业融合主要聚焦于少数热门景点及体育活动，而众多具备潜力的资源未能得到全面挖掘与有效利用，导致产业结构相对单一，多元化发展进程受阻。此外，规模效应的显现尚不明显。尽管融水苗族自治县在民族传统体育与文化旅游产业融合方面付出了诸多努力，但整体而言，资源整合的集中度不高，品牌影响力有限，且市场营销手段有待丰富。以梦鸣苗寨为例（如图7-37所示），尽管其成功融合了民族传统体育与文化旅游元素，但在资源整合的深度及开发利用的广度上仍有优化空间，尤其是体育项目与旅游产品的融合度及游客参与度有待提升。同时，七彩农场（如图7-38所示）与水融香轻奢茶园作为农文旅融合发展的典范，虽在农业观光与休闲体验方面取得了一定成效，但在与民族传统体育的融合上仍需加强。当前，两项目主要聚焦于农业领域，尽管它们已在一定程度上促进了当地农业产业的发展及农民收

入的增长，但对民族传统体育元素的渗透尚显不足，未能充分释放其在文体旅产业融合中的潜力。

图 7-37 融水梦鸣苗寨　　　　图 7-38 七彩农场活动现场

（二）民族传统体育与文化旅游产业市场宣传和营销力度不足

近年来，融水苗族自治县在推动地方特色产业融合方面已取得了初步的成果，特别是在促进民族传统体育与文化旅游产业深度融合方面取得了显著的进展。然而，面对日益激烈的市场竞争和多样化的旅游需求，融水苗族自治县在宣传推广的广度、深度挖掘及创新策略上，仍有巨大的提升空间。融水苗族自治县凭借其独特的民族文化瑰宝，如壮族的龙舟竞渡、苗族的芦笙盛宴等，成功吸引了部分游客前来体验与欣赏。但当前的宣传策略力度尚显不足，手段较为传统单一，对文化内容的挖掘深度有限，难以全面而立体地展现融水苗族自治县独特的文化魅力，进而限制了其在更广阔市场中的知名度和吸引力的提升。在当今信息化、网络化高速发展的时代背景下，新媒体平台已成为文化传播与品牌塑造的重要阵地。融水苗族自治县在运用这些新兴媒介方面，表现出一定的滞后性。具体来说，虽然该县已在抖音、快手等热门短视频平台上建立了官方账号，但粉丝基础薄弱，尚未形成明显的规模效应，且视频内容的创意、互动性及传播效果均需进一步加强。数据显示，这些官方账号的粉丝数量尚未突破 10 万大关，视频的平均播放量也未达到预期的广泛传播效果，这无疑对融水苗族自治县品牌形象的迅速提升与良好口碑的广泛传播构成了挑战。

（三）民族传统体育与文化旅游产业康养功能融合不充分

当前，融水苗族自治县在推进民族传统体育与康养旅游产品开发的过程中，存在创新性和针对性不足的问题。一方面，许多康养产品往往停留在表面，未能深入挖掘并展现民族传统体育所蕴含的康养精髓，导致产品同质化严重，难以满足游客日益增长的个性化和多元化需求。此外，康养资源的利用尚不充分。尽管广西拥有丰富的民族传统体育与自然资源，但在实现康养功能融合方面，这些宝贵资源的开发利用仍有待加强。具体表现为，部分具有显著康养价值的民族传统体育项目尚未得到充分挖掘与开发，同时自然资源的规划与利用也亟待优化。另一方面，康养旅游对设施与服务的要求十分严苛，当地康养设备的专业性有待提升，医疗服务人员配备不足，且服务质量参差不齐，这些问题均对游客的康养体验产生了不利影响。以融水苗族自治县的双龙沟原始森林度假区为例，该景区凭借其得天独厚的自然风光和深厚的民族文化底蕴，吸引了大量游客。然而，在休闲康养功能融合方面，该景区仍面临挑战。尽管景区内已设有森林步道、疗养中心等设施，但康养服务的种类与品质仍需进一步丰富与提升。相关统计数据显示，双龙沟原始森林度假区的游客满意度中，对康养服务的评价仅有约 60%，这一数据清晰地反映出该景区在康养服务领域仍有较大的提升空间。[①]

（四）民族传统体育与文化旅游产业数字平台建设滞后

在融水苗族自治县等区域，尽管现代科技在旅游业与体育业的应用范围持续扩大，但受限于技术基础设施的滞后、资金投入的匮乏及专业人才的短缺，前沿技术如虚拟现实（VR）与增强现实（AR）在本土传统体育项目及旅游体验中的实施尚处初期探索阶段。数字化平台作为促进体育与文化旅游产业深度融合的关键媒介，旨在为游客提供更加便捷的体育赛事资讯查询、旅游线路规划及在线预订等服务。然而，当前融水苗族自治县的数字化平台构建尚存在不足之处，难以满足游客群体日益增长的数字化服务需求。在体育与旅游两大产业的融合进程中，实现数据的互联互通与综合应用，是提升服务个性化水平的重要前提。然而，由于数据标准尚未统一、系统间兼容性问题显著等挑战，数据共享与整合面临重重困难。此外，技术融合的深入实施亦高度依赖于充足的资金保障及强有力的政策支持。遗憾的是，当前可能存在的政策扶持力度不足与资金筹措渠道不畅等问题，已在一定程度上制约了技术融合进程的加速发展。

---

① 郭凯倩. 为苗寨旅游注入文化灵魂［N］. 中国文化报，2021-09-06（2）.

第五节　古零镇攀岩特色体育小镇

一、古零镇攀岩特色体育小镇介绍

古零镇攀岩特色体育小镇，地处广西壮族自治区南宁市马山县东部，紧邻大明山北麓，总面积290平方千米，下辖15个行政村（社区），覆盖504个村民小组，总人口55.58万人，包括壮族、瑶族、苗族等11个主要民族。自2017年被选定为国家运动休闲特色小镇试点项目以来，该镇荣获了多项荣誉称号。古零镇攀岩特色体育小镇还积极挖掘"壮族三月三"与"达努节"等民俗节庆资源，并结合壮族会鼓、扁担舞、三声部民歌（如图7-39至图7-40所示）等独具特色的民族传统体育活动，进一步丰富了多元民族文化内涵。同时，该镇充分利用马山地区富含负氧离子的优质自然环境，以及黑山羊、金银花和旱藕粉等绿色健康食品，将其打造成独具特色的康养休闲旅游资源，致力于构建一个具有中国特色的"长寿之乡"。此外，古零镇攀岩特色体育小镇还依托典型的喀斯特地貌区域，通过"特色资源+特色赛事+休闲旅游"的发展模式，打造了一系列独具特色的南方石灰岩攀岩路线赛事。因此，古零镇攀岩特色体育小镇是一个集体育赛事、休闲养生、旅游度假、民俗文化传承于一体的综合性运动休闲特色小镇。

图7-39　三声部民歌表演

图7-40　小都百文艺汇演活动现场

二、古零镇攀岩特色体育小镇民族传统体育与文化旅游产业融合现状

在资源融合层面，2017 年 8 月，全国首个攀岩主题体育小镇在古零镇正式诞生，此举引领了当地以攀岩为核心引擎的体育旅游发展新风尚。该小镇不仅建设了顶尖的攀岩设施，还配套了完善的培训体系和赛事组织能力，成为攀岩爱好者的朝圣之地。自创立以来，小镇年均吸引超过 5 万名攀岩游客，并成功举办了超过 20 场国际、国内及地区级别的攀岩赛事。为进一步提升旅游产品的吸引力和互动性，古零镇携手国内外知名品牌，精心策划了一系列主题攀岩赛事、音乐节及文化节等活动，如年度"国际攀岩节"，不仅汇聚了全球的攀岩精英，还通过线上线下融合的方式，让全球攀岩爱好者共享盛宴。当地还结合本土文化特色举办"古零美食文化节"，让游客在品味美食的同时，深入了解了地方的历史与民俗。古零镇尤其注重民族文化与攀岩体验的融合，游客可参与苗族斗马节、射箭等传统体育活动，深刻体验当地文化的独特魅力。2022 年，苗族传统体育活动吸引了上万人次的游客，同比增长 20%。此外，古零镇还依托周边的自然与医学资源，开发了草药浴、山地徒步等健康养生旅游产品，2023 年，该领域游客量达到 3000 人次，同比增长 15%。小镇内设有的攀岩培训机构，汇聚了国内外顶尖的教练与运动员，已累计培训学员超过千人，有效提升了当地的攀岩技能水平，并吸引了大量爱好者前来学习。

在市场融合层面，古零镇攀岩特色体育小镇凭借其独特魅力不断拓展旅游产品的边界，实现了传统文化与现代休闲的深度融合。小镇对实物商品体验进行了升级，引入了一系列充满创意与匠心的手工艺品，如攀岩主题石雕、攀岩场景刺绣等，每件商品都蕴含着小镇的独特韵味。同时，特色饮食也进行了创新，推出了攀岩主题套餐，既满足了运动员的营养需求，又提供了健康美味的食物，让游客在品尝美食中感受到小镇对攀岩文化的尊崇与传承。古零镇攀岩特色旅游产品体系丰富多样，涵盖了手工艺品、特色饮食及多元化的游玩项目（如图 7-41 至图 7-43 所示）。小镇还精心规划了多条特色旅游线路，如"乔老河片区休闲体育旅游精品线路"，该线路荣获了国家体育总局与文化和旅游部联合颁发的"2020 年国庆黄金周体育旅游精品线路"称号。此外，小镇不断挖掘资源，推出了如"隐秘峡谷探险之旅""星空露营观

星线路"（如图 7-44 所示）等新线路，以满足游客多元化、个性化的需求，让他们在探索中感受大自然的壮丽与宁静。

图 7-41 石头彩画体验

图 7-42 蓝染手作体验

图 7-43 乔老村十里桃源景区游园活动

图 7-44 星空露营活动现场

在功能融合层面，该区域依托独特的岩壁、洞穴等自然探险资源，成功开发了 22 面岩壁，并设立了总计 555 条攀岩线路。同时，精心构建了一个集攀岩竞赛、教育训练与体验服务为一体的全方位户外运动区域，旨在丰富游客的游玩体验。此外，马山县古零镇的攀岩特色体育小镇还深入挖掘了壮族三声部民歌、壮族打扁担等地方文化底蕴，并将其融入星空露营、研学旅行等现代旅游元素中，打造了一个具有浓郁民俗文化特色的休闲旅游区域（如图 7-45 至图 7-46 所示）。这不仅丰富了文化旅游体验，还提升了小镇的整体吸引力。小镇内还配备了商业街、市集及餐厅酒吧等商业设施，充分满足了游客的商业娱乐需求。而在酒店度假区方面，则充分利用了周边优越的山地生态环境与休闲养生资源，匠心打造了特色民宿及高端疗养别墅，致力于为游客提供高品质的休闲养生体验。

图 7-45   古朗瑶乡金银花公园   图 7-46   中国弄拉景区

在技术融合层面，古零镇攀岩特色体育小镇建立了全面的数字平台体系，包括官方网站、社交媒体渠道及移动应用程序等。这一体系不仅高效地传播了赛事信息、推广了民族文化活动，还提供了便捷的在线预订服务。自 2017 年起，该平台每年吸引的游客数量持续攀升，增长率稳定在约 20%。尤其是在 2020 年之后，线上预订服务的占比更是跃升至 30%。在关键景点及活动区域，游客可借助智能手机应用程序获取多语种解说服务，深入了解当地的文化精髓与历史故事。自 2019 年起，智能导览系统的使用率逐年上升，年均增长率约为 15%。特别是在 2020 年，其增长速度显著加快至每年 20%。此外，小镇还创新地运用网络直播技术开展攀岩技能培训，这一举措不仅惠及了现场游客，还吸引了大量远程用户参与其中。自 2022 年启动在线培训以来，已有超过 2000 人次的远程学员参与了课程学习，其中约 30% 的学员后续还亲临小镇参与了实地培训。这一举措不仅拓宽了攀岩技能的传播范围，还进一步推动了攀岩运动的普及与发展。

三、古零镇攀岩特色体育小镇民族传统体育与文化旅游产业融合问题

（一）民族传统体育与文化旅游产业资源开发失衡

古零镇攀岩特色体育小镇凭借其独特的自然岩壁资源与优美的自然环境，成功吸引大量攀岩爱好者和游客的关注。然而，在推动其开发的过程中，资源开发与生态保护之间的平衡问题显得尤为重要。首先，过度的商业化开发可能会对自然环境造成不可逆的损害，进而威胁到当地生态系统的稳定性。

具体而言，过度的岩壁攀爬活动可能导致岩石结构松动，破坏植被覆盖，对生态环境造成不利影响。其次，古零镇攀岩特色体育小镇在推动文化与体育融合方面尚存在不足。尽管攀岩运动已成为该小镇的核心特色，但在利用和挖掘当地民族文化资源方面仍需加强。例如，小镇未能定期举办"攀岩+民族文化"主题活动，如攀岩比赛后缺乏配套的壮族三声部民歌晚会等，未能让游客在享受攀岩运动乐趣的同时，深入体验当地浓厚的民族文化氛围。最后，小镇在开发攀岩线路时，应更加注重生态保护的原则。具体而言，在选择攀岩线路时，应避开生态敏感区和植被茂盛区域，以减少对自然环境的破坏。同时，在攀岩活动结束后，应组织专业人员进行环境清理和植被恢复工作，确保生态环境的持续健康。

（二）民族传统体育与文化旅游产业市场合作机制较差

在文化旅游产业的激烈市场竞争中，攀岩小镇需强化与周边区域的协作，以构建独特的竞争优势。然而，实践中常面临合作机制尚未完善、合作意愿不足等挑战。具体而言，马山县在旅游合作方面尚显不足，未充分借助南宁、桂林等周边地区的旅游资源，联合打造高品质旅游线路，从而未能有效增强攀岩小镇的市场竞争力。当前，此类合作尚处于初级阶段，亟须深化与改进。攀岩小镇虽以攀岩为核心特色，但在满足游客多元化需求方面尚存在提升空间。单一的产品结构可能限制了其对不同类型游客的吸引力，尤其是在非攀岩旺季或攀岩爱好者稀少的时段，小镇旅游市场可能遭遇淡季困境。值得注意的是，攀岩小镇通过引入亲子飞拉达线路等新产品，已显著促进了游客数量的增长，这充分证明了多元化旅游产品对家庭游客及初学者的强大吸引力。然而，相较于攀岩项目，其他文化旅游产品的开发深度及市场认可度仍需进一步加强。

（三）民族传统体育与文化旅游产业文化认同感减弱

攀岩作为一项现代体育项目，在古零镇的推广过程中可能会与当地传统民族文化产生一定的冲击，导致居民对本土文化的认同感减弱，或者攀岩文化的引入不能很好地融入当地文化多样性之中。目前，攀岩小镇虽已开发了一系列文化体育旅游主题产品，但在将攀岩文化与当地民族文化深度融合方面仍有待加强。例如，在攀岩赛事中融入更多民族文化元素，或者在攀岩体验中穿插民族文化讲解和体验活动等。随着攀岩小镇的快速发展，旅游开发可能会给当地的文化遗产保护带来一定的压力。如何在发展旅游业的同时，有效保护和传承当地的文化遗产，是摆在管理者面前的一大难题。在攀岩小镇的开发过程中，一些具有历史文化价值的建筑和遗址可能因缺乏有效保护而受损。例如，在攀岩线路的开发过程中，可能会影响到周边的古建筑或文化遗址的完整性。在攀岩小镇的发展过程中，需要大量既懂攀岩又懂当地民族文化的人才来推动文化传承与旅游产业的深度融合。然而，目前这类人才相对短缺，成为制约小镇进一步发展的瓶颈。据统计，攀岩小镇内专业从事民族文化传承与旅游开发的人才数量不足总数的 10%，这导致在文化传承活动的设计和实施过程中，往往缺乏专业性和创新性。①

（四）民族传统体育与文化旅游产业旅游系统开发不足

攀岩小镇目前尚未引入智慧旅游系统，该系统集成了在线预约、智能导航及实时攀岩数据分析等多种功能。游客能通过手机 APP 轻松预约攀岩课程或参与赛事，系统会依据其技能水平和兴趣偏好，智能推荐最适合的攀岩路线。此外，智能手环等穿戴设备能实时记录并分析攀岩数据，为游客量身打造个性化的运动指导方案。另外，攀岩小镇还缺少 VR 体验区，这意味着游客无法借助 VR 技术亲身体验攀岩的乐趣，也无法在虚拟世界中领略丰富的民族文化景观，如穿越模拟的壮族村寨、聆听壮族山歌、观赏民族节庆活动等精彩场景。同时，攀岩小镇在数据收集与分析方面尚显不足，未能有效整合游客游览数据、消费记录等大数据信息，因此难以精准掌握游客的兴趣偏好与消费习惯。此外，小镇也未能策划一系列针对游客需求的民族传统体育赛事与营销活动，如攀岩挑战赛、民族运动会等，这些活动对于丰富游客体验、推动文化交流具有重要意义。

---

① 中国体育报. 广西马山"攀"出"体育+"［EB/OL］. 中国体育报，2023-11-13.

第八章

大健康产业背景下广西民族传统体育与文化旅游产业融合路径研究

第一节　大健康产业背景下广西民族传统体育与文化旅游产业资源融合路径

一、加强健康服务功能，充分发挥资源融合价值

为了确保公共健康水平和生活质量的显著提升，强化健康服务功能并有效融合资源具有不容忽视的重要性。在此过程中需遵循三个关键步骤：其一，强化政策引领与支持。政府应制定并实施一系列扶持性政策，包括但不限于税收减免、资金补贴等，以鼓励健康服务机构与旅游企业建立稳固的合作关系，共同研发并推广健康旅游产品。同时，应加大对健康服务基础设施的投资力度，如扩大体育设施、医疗中心和康复中心的建设规模，以保障服务质量的持续提升。其二，提升服务效率。通过数字化平台，实现医疗、民族传统体育和文化旅游资源的深度整合与信息共享，使游客能够高效便捷地获取健康服务信息，并预约专家或活动。利用远程医疗技术，为偏远地区的游客提供专业、及时的医疗咨询服务。此外，与当地民族体育组织进行紧密合作，推出具有鲜明民族特色的体育体验活动，如壮族竹竿舞教学、瑶族草药知识讲座等。其三，拓展服务领域。积极推动医疗机构、旅行社、体育俱乐部等跨行业企业的深度合作，共同策划并推出独具特色的健康旅游线路，如养生旅游、体育赛事旅游等。同时，将广西丰富的民族文化元素融入健康服务之

中，如瑶族药浴、壮族武术表演，以丰富游客的体验并增强其吸引力，为实现健康与文化旅游的有机结合。

二、延长旅游适宜期，提升资源融合影响力

为确保广西民族传统体育与文化旅游产业的稳健发展，延长旅游适宜期、增强资源融合的影响力至关重要。通过细致的规划和资源的优化配置，广西可以打破季节性的束缚，实现全年旅游吸引力的持续提升，同时加强民族文化和体育项目的吸引力。首先，应当深入开发季节性民族传统体育赛事。借助广西丰富的少数民族传统节日，如壮族的"三月三"歌节、苗族的"四月八"、瑶族的"盘王节"等，整合各民族资源，组织与之相应的民族传统体育竞赛或表演活动，如竹竿舞比赛、射箭大赛、斗牛赛等，以增强游客的参与感和体验感，实现一月一节，从而延长适游期。其次，应定期举办具有标志性的民族传统体育赛事，如"民族传统体育运动会"，涵盖多样化的民族传统体育项目，以打造吸引游客的亮点。此外，还需精心打造特色旅游线路和产品。设计融合体育锻炼、文化探索和健康养生元素的旅游产品，如"养生之旅""民族文化体验营"等，将民族传统体育作为其中的核心组成部分。同时，构建体育主题的特色小镇，如攀岩小镇、武术村等，提供包括住宿、餐饮、培训和赛事组织在内的全方位服务。最后，应利用现代营销手段加强推广和品牌建设。通过互联网、社交媒体等新媒体平台，广泛宣传广西民族传统体育和文化旅游资源的独特魅力，提升知名度和美誉度。同时，加强与国内外旅游机构的战略合作，促进旅游资源的共享和互补，以进一步拓宽客源市场。

三、增强基础设施建设，提高资源融合条件

推动民族传统体育与文化旅游产业的深度融合，对于广西这类自然资源丰富、民族文化多彩的地区尤为关键。加大基础设施投入，成为实现此目标的核心举措。首先，必须强化体育场馆和文化旅游设施的建设，在重点旅游城市和民族聚居区域，新建或升级多功能体育场馆，如游泳馆、体育馆和健身中心等，确保其全年运营，并转变为体育与文化交融的活动中心。此外，景区内应增设民族传统体育体验区，例如，射箭场、竹竿舞训练区以及民族服饰体验馆等，

以增强游客的互动体验与文化深度。其次，完善交通网络是提升接待能力与游客舒适度的重要一环。应提升机场、火车站、长途汽车站的基础条件和接待能力，确保游客能够顺畅抵达和离开。同时应改善通往主要旅游景区的道路条件，增设旅游景区间的公共交通工具，如观光巴士、缆车等，以便游客更加便捷地游览。最后，信息化建设是推动产业发展的重要支撑。应充分利用大数据等先进技术，构建智慧旅游系统，为游客提供实时的旅游资讯、在线预订、智能导航等全方位服务。同时，开发体育赛事和活动的线上平台，方便参与者报名、观看直播和回放，并通过数据分析优化赛事组织和营销策略，推动产业的持续发展。

四、开发多元化融合产品，优化资源融合现状

推进广西民族传统体育与文化旅游产业的深度融合，开发多元化融合产品成为重要举措。广西可借助创意性的产品设计与营销策略，拓宽游客群体，进而提升地区旅游的吸引力和综合竞争力。首要任务是构建以民族传统体育为主题的旅游线路，重点设计涵盖观赏民族传统体育赛事、参与民族传统体育活动（如陀螺竞技、竹竿舞表演）、学习地方民族舞蹈等内容的线路，使游客能深入体验与了解当地文化。结合民族体育节庆活动，推出民族传统体育赛事观光团，让游客直接感受民族传统体育的独特魅力。此外，还需打造以健康养生为主题的文化旅游产品，融合瑶医瑶药、壮医壮药的养生理念，开发集食疗、药浴、瑜伽等元素于一体的养生度假村，以吸引追求健康生活方式的游客。同时，依托广西的优美山水环境，建设运动康复中心，提供专业的运动指导和恢复训练服务，满足运动员、健身爱好者及康复患者的需求。

第二节 大健康产业背景下广西民族传统体育与文化旅游产业市场融合路径

一、拓宽旅游范围，适应市场融合需求

促进广西民族传统体育与文化旅游产业的深入融合发展，核心策略之一

即在于拓宽旅游范围。首先，扩大旅游目的地的覆盖范围，深入发掘广西各地，特别是那些尚未充分开发但蕴藏丰富民族传统体育资源的地域，如少数民族聚居的边远山区，并将其纳入整体的旅游规划之中，致力于开发具有鲜明民族特色的村落旅游项目，使游客能够亲身体验当地民族的日常生活、饮食文化、传统服饰以及音乐舞蹈。同时，鼓励游客积极参与如竹竿舞、抛绣球等民族传统体育活动，以增强旅游体验的深度与丰富性。其次，丰富旅游产品的种类，结合民族传统体育元素，设计并推出体验式文化旅游产品。例如，在"壮族三月三"节庆期间，可组织山歌对唱与民族传统体育竞赛活动，使游客在参与中深入感受广西的民族文化魅力。此外，还可依托广西得天独厚的自然环境及丰富的民族传统体育资源，如太极拳、气功、瑶医瑶药等，打造具有健康养生特色的旅游产品，满足现代游客对健康生活方式的追求。最后，深化与旅游企业的合作至关重要。通过与旅行社、酒店、旅游景区等旅游企业的紧密合作，共同研发并推广具有民族传统体育特色的旅游产品，如"民族传统体育夏令营""体育文化研学游"等。同时，积极寻求与国内外旅游平台的合作机会，通过线上线下多渠道推广广西民族传统体育文化旅游，吸引更多国内外游客前来体验。

二、构建多元主体机制，均衡市场融合利益

构建多元主体参与机制，以实现市场融合利益的均衡，是广西民族传统体育与文化旅游产业融合发展的关键所在。这一机制旨在确保政府、企业、民间组织及当地居民等各方参与者的利益，在产业融合过程中能够明确各自的角色定位，共同推动产业的繁荣发展。政府应当发挥主导作用，建立一套行之有效的监管体系，确保各类活动在法律法规的框架内有序进行。同时，政府还应提供行业指导，为民族传统体育与文化旅游产业的融合提供明确的方向。此外，政府应通过出台相关政策，为民族传统体育与文化旅游产业的融合提供必要的政策支持和资金扶持，例如，设立专项基金、给予税收优惠、鼓励企业和社会资本投资等。以广西壮族自治区人民政府推动的"民族+体育+旅游"融合发展模式为例，通过政策引导，企业和社会资本积极参与民族传统体育项目的开发和旅游产品设计，有效促进了当地经济的增长。企业应充

分利用市场敏感度和技术优势，积极开发创新的文化旅游产品和服务。例如，可以推出民族传统体育体验包、健康养生旅游线路等特色产品，以满足游客的多样化需求。一些企业还投资建设了集养生、运动、文化体验于一体的旅游综合体，如巴马县的健康养生度假村，结合瑶族传统医学和运动疗法，为游客提供了丰富的旅游体验。民间组织和当地居民作为文化传承的重要力量，应积极参与到民族传统体育的表演、教学和推广中。他们可以通过与游客的互动，为游客提供真实、深入的文化体验。例如，在桂林龙脊梯田附近的瑶族村寨，当地居民和民间组织合作，开发了以民族舞蹈、手工艺品制作为特色的旅游体验项目，使游客有机会深入了解并参与当地的文化生活。

三、强化政府扶持力度，引导市场融合资金

为确保广西民族传统体育与文化旅游产业的深度融合，强化政府扶持力度及引导市场资金融合至关重要。政府的财政支持和政策导向将极大提高市场信心，进而吸引更多私人投资和金融机构的积极参与。首先，政府应设立专项资金并提供贷款担保。设立专项基金旨在支持民族传统体育与文化旅游产业融合的重点项目，涵盖体育设施的建设、特色旅游产品的开发等。同时，为降低金融机构的风险，政府可提供贷款担保，确保初创企业和小型项目能够更便捷地获得信贷支持。例如，通过引导成立产业基金，吸引社会资本支持文化旅游项目的开发与建设，其中包括民族传统体育相关设施的建设和特色旅游产品的推广。其次，政府应积极引导社会资本与产业基金参与。鼓励设立文化旅游与体育产业基金，吸引社会资本以股权投资形式参与项目，为大型融合项目提供长期稳定的资金来源。同时，推广政府与社会资本合作（PPP）模式，在体育场馆、旅游基础设施等领域引入私营部门的资金和管理经验。例如，柳州市通过PPP模式成功引入社会资本，用于建设文化旅游基础设施，如体育场馆、主题公园等，有效促进了民族传统体育与文化旅游产业的深度融合。最后，政府应深化与金融机构的合作。加强与银行、投资基金等金融机构的紧密联系，为融合项目提供低息贷款、信用贷款等多元化的金融产品。同时，建立风险共担机制，如政府出资设立风险补偿基金，以减轻金融机构在支持创新项目时的风险顾虑。

第三节　大健康产业背景下广西民族传统体育与文化旅游产业功能融合路径

一、创新产品内容质量，融合休闲娱乐功能

在大健康产业的时代背景下，促进广西民族传统体育与文化旅游产业的深度融合发展，需要通过提升创新产品的内容质量与融合休闲娱乐功能来实现。首先，创新产品内容的组织形式，通过策划短期或长期的体验营，游客能够学习并亲身参与如壮族抛绣球、苗族踩高跷等民族传统体育活动。在此过程中，融入健康指导和养生课程，为游客提供身心愉悦的全面体验。还可以利用 VR技术重现历史上的民族传统体育盛事，或借助 AR 技术在实地游览中增设互动游戏，如寻找虚拟的民族传统体育图标，以增强趣味性和教育意义。其次，为加强文化与健康的融合，企业可结合民族传统体育的健身方法与当地特色食材，设计具有健康养生价值的旅游套餐，例如，瑶医瑶药的药膳烹饪课程、太极或气功晨练班等，以满足追求健康生活方式游客的需求。同时，充分利用广西独特的自然环境和民族传统体育资源进行活动策划，如在山林间练习瑜伽或进行轻量级的民族传统体育运动，为游客提供运动康复服务。最后，为增强游客的参与感和体验深度，当地可以举办如"三月三"歌圩、瑶族盘王节等节庆活动，融合体育竞技、民俗表演和美食体验等元素，使游客能够深入其中，感受节日的欢乐氛围。此外，还可组织民族传统体育赛事，如龙舟赛、射箭比赛等，并邀请国内外游客参赛或观赛，结合周边旅游景点，打造独特的赛事旅游路线。

二、深入挖掘历史文化内涵，加强文化传播功能融合

在推动广西民族传统体育与文化旅游产业的融合发展中，深入挖掘历史文化内涵与加强文化传播功能的融合至关重要。首要任务是深入挖掘历史文化内涵，广泛收集和整理与民族传统体育紧密相关的民间故事、神话传说，并将其巧妙融入旅游解说、导游培训和文化表演之中，从而确保游客在参与

的过程中能够深入领略体育背后所蕴含的深层文化意义。同时，加强对与民族传统体育相关的历史遗址、文物的保护与利用，如古代体育器械、文献记录等，将其作为文化旅游的重要组成部分，以此增强游客的体验真实性与历史感。此外，应加强与历史文化景点的联动合作，设计以民族传统体育为主题的旅游线路，将历史古迹、自然风光、体育场馆等元素有机串联起来。例如，打造"壮族三月三"文化体验之旅，结合山歌对唱、民族传统体育赛事和壮族村寨游览等活动，为游客提供丰富多彩的文化体验。同时，在历史文化景点内设置民族传统体育体验区，提供射箭、投壶、踢毽子等体验项目，让游客能够亲身体验并加深对广西民族传统体育文化的理解。

三、强化专业人才培养，提升健康服务功能融合

在广西民族传统体育与文化旅游产业发展过程中，尤其是在大健康产业背景下，强化专业人才培养与提升健康服务功能融合尤为重要。为提升从业人员的专业技能与文化素养，必须加大人才培养和引进力度。具体举措包括与高校及培训机构紧密合作，开设民族传统体育教练培训、文化旅游服务技能提升等课程和培训班。同时，积极邀请国内外专家进行学术交流与探讨，使本地人才有机会接触并学习国际先进的理念和技术，进而开阔其全球视野并增强市场竞争力。此外，为吸引国内外健康服务、体育教育、旅游管理等领域人才，政府和企业应制定并落实一系列优惠政策，如提供住房补贴、科研经费支持等。此外，企业应与科研机构建立稳固的合作关系，促进学术研究与产业实践的深度融合，以提升产业整体的技术含量和创新能力。

第四节 大健康产业背景下广西民族传统体育与
文化旅游产业技术融合路径

一、构建融合创新平台，推动跨界合作

在大健康产业背景下，为实现广西民族传统体育与文化旅游产业的深度

融合，首要任务是构建融合创新平台并推动跨界合作。具体而言，政府、高校、科研机构及企业应共同打造一个涵盖研发、生产、营销、服务等全链条的创新平台，旨在实现知识、技术、资本与市场的有效交汇。借助云计算、大数据、人工智能等前沿技术，建立数据共享与分析系统，旨在优化资源配置，提升服务效能，并为游客提供个性化、智能化的体验。同时，积极推动跨界合作，鼓励体育、文化、旅游、医疗、科技等不同领域的企业展开深度合作，共同研发新产品、新服务，例如，结合民族传统体育的特色，打造独具特色的健康养生旅游套餐。此外，亦需积极与国际体育组织、旅游协会、健康服务机构建立联系，引入国际先进理念、技术与管理经验，从而提升本土产业的国际竞争力。

二、利用现代科技手段，提升融合效率与质量

在大健康产业背景下，广西民族传统体育与文化旅游产业的融合应充分借助现代科技手段，以实现运营的高效化和服务的优质化。首先，应运用大数据分析技术，通过收集游客在社交媒体和旅游平台上的数据，深入分析其兴趣偏好、旅游模式及消费习惯，为产品开发和市场推广提供有力依据。例如，针对游客对民族传统体育活动的高关注度，可有针对性地开发相关体验项目。同时，利用大数据分析工具预测未来的旅游趋势和潜在市场机会，助力产业提前规划和调整策略，如预测健康养生旅游的增长趋势，并据此提前布局相关服务。其次，借助云计算技术，通过云计算平台整合分散的旅游资源，实现统一管理和高效调度。例如，云票务系统和云预约系统的应用，能有效减少游客等待时间，提升整体旅游体验。对于涉及多个环节的大型活动，如民族传统体育节庆，云计算技术可提供云端协作平台，促进不同部门间的顺畅沟通和高效协作，从而显著提升工作效率。最后，利用人工智能技术，通过先进的 AI 算法为游客提供个性化的旅游建议。例如，根据游客以往的旅游记录推荐类似的民族传统体育体验项目。同时，结合语音识别和自然语言处理技术，为游客提供虚拟导游服务，实时解答问题并提供天气预报、赛事安排等实时信息。此外，通过视频分析和人脸识别技术，实现对重点区域的安全监控，确保在紧急情况下能迅速响应，为游客提供坚实的安全保障。

参考文献

一、中文文献

（一）著作

[1] 埃贝勒. 健康产业的商机 [M]. 王宇芳, 译. 北京: 中国人民大学出版社, 2010.

[2] 维德, 布尔. 体育旅游 [M]. 戴光全, 朱竑, 译. 天津: 南开大学出版社, 2006.

[3] 皮尔泽. 财富第五波 [M]. 王永, 译. 长春: 吉林大学出版社, 2004.

（二）期刊

[1] 安婷, 张安琪. "文旅+会展" 赋能文化旅游产业高质量发展: 以 "西安年·最中国" 春节系列活动为例 [J]. 陕西开放大学学报, 2024, 26 (2).

[2] 安微娜, 贾泽华. 山西文化旅游产业竞争力提升路径研究 [J]. 宏观经济管理, 2013 (9).

[3] 安彦伟, 尹继林. 广西世居民族 "三月三" 传统体育的发展研究 [J]. 贵州民族研究, 2017, 38 (7).

[4] 鲍晓宁, 乔玉. 产业融合背景下文化旅游产业发展问题探讨 [J]. 商业经济研究, 2016 (22).

[5] 陈春丽, 李桥兴. 基于产业融合视角的贵州省大健康产业协同发展研究 [J]. 生产力研究, 2022 (3).

[6] 陈国瑞, 黄力生. 中华民族传统体育现状及走向世界的对策 [J].

武汉体育学院学报，2000（1）．

[7] 陈姗姗．新乡文化旅游产业的发展问题研究 [J]．中国商贸，2011（26）．

[8] 陈圣林，邵岚．大林业与大健康的融合与共生：解读中国林业大健康产业发展路径 [J]．林业与生态，2017（3）．

[9] 陈世香，宋广强．山地省域文体旅产业融合发展测度与分析：以贵州为例 [J]．贵州社会科学，2022（3）．

[10] 陈太政，陈准，王吉祥，等．中原经济区建设背景下河南文化旅游产业融合发展研究 [J]．河南大学学报（自然科学版），2013，43（3）．

[11] 陈炜．民族地区传统体育文化与旅游产业融合发展的驱动机制研究 [J]．广西社会科学，2015（8）．

[12] 范朋，晏雄．文化旅游产业统计分类逻辑与统计范围边界 [J]．统计与决策，2022，38（17）．

[13] 范周，谭雅静．文化创意赋能文化旅游产业发展 [J]．出版广角，2020（6）．

[14] 方永恒，周家羽．体育旅游产业与文化创意产业融合发展模式研究 [J]．体育文化导刊，2018（2）．

[15] 冯雪红，张冰青．宁夏生态文化旅游产业发展现状与路径优化 [J]．贵州民族研究，2023，44（6）．

[16] 宫庆伟，段奕辰．安岳石刻文化旅游产业在巴蜀文旅走廊建设中的再开发路径 [J]．四川省干部函授学院学报，2024（2）．

[17] 龚绍方．制约我国文化旅游产业发展的三大因素及对策 [J]．郑州大学学报（哲学社会科学版），2008，41（6）．

[18] 郭瑞娟．我国农村地区文化旅游产业发展趋势及差异化研究 [J]．农业经济，2021（9）．

[19] 郭旭初．发展大健康产业与巩固脱贫攻坚成果 [J]．中共云南省委党校学报，2019，20（6）．

[20] 郭永久．特色小镇建设为文化旅游产业发展添动力 [J]．人民论坛，2017（27）．

［21］何秋洁，杨翕雅，陈国庆．四川民族地区大健康产业与养老服务业融合发展研究［J］．内蒙古科技与经济，2022（5）．

［22］胡若晨，朱菊芳．体育产业与健康产业高质量融合发展研究［J］．体育文化导刊，2020（11）．

［23］胡钰，王一凡．文化旅游产业中PPP模式研究［J］．中国软科学，2018（9）．

［24］黄泠．培育壮大新兴产业推进产业强省建设［J］．社会主义论坛，2022（2）．

［25］黄倩华．广西大石山区依托大健康产业实施脱贫攻坚研究［J］．桂海论丛，2017，33（3）．

［26］黄锐，谢朝武，李勇泉．中国文化旅游产业政策演进及有效性分析：基于2009—2018年政策样本的实证研究［J］．旅游学刊，2021，36（1）．

［27］黄新明，谢渊沫，黄晓梅．甘肃省中医药大健康产业发展策略［J］．甘肃科技，2023，39（9）．

［28］黄娅．民族文化旅游产业可持续发展的综合评价体系及评价方法研究：基于文化经济协同发展的视角［J］．贵州民族研究，2012，33（1）．

［29］黄月玲，刘梓汐．基于可视化分析的民族文化旅游产业化研究综述［J］．广西民族研究，2021（6）．

［30］江锋．金融支持客家文化旅游产业发展研究：广东梅州案例［J］．中国统计，2014（5）．

［31］金碚．关于大健康产业的若干经济学理论问题［J］．北京工业大学学报（社会科学版），2019，19（1）．

［32］金璐．论新疆文化旅游产业发展模式［J］．新疆师范大学学报（哲学社会科学版），2012，33（3）．

［33］金媛媛，李骁天，李凯娜．基于企业成长视角的体育产业、文化产业与旅游产业融合机制的研究［J］．首都体育学院学报，2016，28（6）．

［34］金媛媛，王淑芳．乡村振兴战略背景下生态旅游产业与健康产业的融合发展研究［J］．生态经济，2020，36（1）．

［35］兰苑，陈艳珍．文化产业与旅游产业融合的机制与路径：以山西省

文化旅游业发展为例 [J].经济问题，2014（9）.

[36] 李艳.后冬奥时期冰雪文化旅游产业空间的延续：政策变迁、行动框架及路径选择 [J].体育与科学，2022，43（2）.

[37] 练亚杰，傅文第，刘静茹，等.关于促进黑龙江省中医药大健康产业发展的思考 [J].中国现代中药，2022，24（12）.

[38] 刘芳.论河南省文化旅游产业的发展策略 [J].中国商贸，2011（6）.

[39] 刘晓明.产业融合视域下我国体育旅游产业的发展研究 [J].经济地理，2014，34（5）.

[40] 刘莹，赵起.大庆市文化旅游产业融合发展路径研究 [J].美与时代（城市版），2024（5）.

[41] 卢永雪，龙正印.后疫情时代川西北民族传统体育与旅游产业融合发展路径研究 [J].当代体育科技，2021，11（16）.

[42] 吕宁，黄迪，王欣，等.北京市冰雪运动产业与文化旅游产业融合发展动力机制与模式 [J].中国生态旅游，2021，11（6）.

[43] 栾永鑫，王淑沛，伊超，等.基于AHP-模糊综合评价的山东省体育与旅游产业融合度测评研究 [J].四川体育科学，2022，41（2）.

[44] 马彩兰.浅析我国民族传统节庆体育旅游产业发展方式 [J].产业创新研究，2020（20）.

[45] 马越斐，李海.新型城镇化建设赋能体育与旅游产业深度融合的理论逻辑与推进策略 [J].沈阳体育学院学报，2022，41（6）.

[46] 毛凤玲.银川市文化旅游产业发展对策研究 [J].江苏商论，2011（4）.

[47] 毛秀磊，李天培.粤港澳大湾区体旅文商融合推动体育业高质量发展的机制与路径 [J].社会科学家，2023（8）.

[48] 孟宁.文化旅游产业离不开法治护航 [J].人民论坛，2018（34）.

[49] 倪依克.论中华民族传统体育的发展 [J].体育科学，2004（11）.

[50] 欧阳雪梅.中国大健康产业如何塑造未来医养模式 [J].人民论坛，2020（28）

[51] 潘怡，曹胡丹，封慧．新时代我国体文旅产业融合发展：逻辑、模式、问题与路径 [J]．山东体育学院学报，2024，40（1）．

[52] 戚俊娣，贾连堃．"一带一路"背景下航海文化与蓝色体育产业融合发展路径研究 [J]．东岳论丛，2016，37（8）．

[53] 山娜，兰翠芹．设计赋能汨罗市文化旅游产业的理论与路径 [J]．包装工程，2021，42（24）．

[54] 邵金萍．再论文化旅游产业的特征、作用及发展对策 [J]．福建论坛（人文社会科学版），2011（8）．

[55] 师明萌．抢抓成渝地区双城经济圈建设战略机遇推动长寿大健康产业高质量发展 [J]．重庆行政，2020，21（3）．

[56] 史振华，王吟旭．基于耦合协调度模型下广元市文化旅游产业融合水平研究 [J]．四川省干部函授学院学报，2024（2）．

[57] 宋智梁，张良祥，谷文双．我国民族传统体育旅游发展研究 [J]．湖北民族学院学报（哲学社会科学版），2016，34（4）．

[58] 苏建波．我国民族传统体育与体育旅游的经济发展研究 [J]．中国商贸，2012（10）．

[59] 谭启鸿，张晓楠，雷可为．西安文化旅游产业发展的道斯矩阵分析 [J]．中国商贸，2011（36）．

[60] 田东山，黄佑银．深化经济体制改革推动昆明跨越发展 [J]．社会主义论坛，2019（3）．

[61] 王恒，宿伟玲．冰雪文化体育旅游融合发展机制、模式及路径 [J]．社会科学家，2024（1）．

[62] 王克岭，段玲．文化旅游产业政策量化评价：2009—2021 年政策样本的实证 [J]．华侨大学学报（哲学社会科学版），2023（5）．

[63] 王利春，蒋东升，贾建峰，等．民族传统体育学科发展探讨 [J]．体育文化导刊，2015（6）．

[64] 王蕊．民族传统体育旅游的发展路径解析 [J]．体育成人教育学刊，2018，34（5）．

[65] 王爽．我国文化旅游产业的转型路径研究：基于媒介生态变革的视

角［J］.山东大学学报（哲学社会科学版），2021（6）.

［66］王晓瑭，安利萍.民族传统体育旅游的发展路径解析［J］.体育风尚，2019（7）.

［67］王笑天.文化旅游产业融合发展的时空格局与影响因素分析［J］.统计与决策，2022，38（21）.

［68］王秀美，姚绩伟，邓淇元.广西百色民族传统体育旅游产业发展的SWOT分析及策略研究［J］.当代体育科技，2021，11（24）.

［69］王忠云，张海燕.基于生态位理论的民族文化旅游产业演化发展研究［J］.内蒙古社会科学（汉文版），2011，32（2）.

［70］翁林.广西少数民族传统体育旅游发展现状与对策研究［J］.经济与社会发展，2007（12）.

［71］夏兰，王娟，刘斌.民族传统体育文化与旅游产业融合发展研究：机制、模式与对策［J］.广东开放大学学报，2016，25（5）.

［72］肖博华，李忠斌.民族地区文化旅游产业竞争力评估体系及测算［J］.统计与决策，2016（15）.

［73］谢红雨，伊继东，甘建侯.云南民族文化旅游产业效益的SSA分析［J］.中国人口·资源与环境，2014，24（S3）.

［74］谢珈，花晨.特色小镇的文化旅游产业打造［J］.江西社会科学，2019，39（11）.

［75］信军，李娟.大健康产业与现代农业融合发展［J］.中国农业信息，2017（19）.

［76］熊志冲.传统体育与传统文化［J］.体育文史，1989（5）.

［77］徐友坤，曹世红.民族传统体育文化与江西旅游产业发展融合研究［J］.南昌航空大学学报（社会科学版），2018，20（4）.

［78］许晶晶，周亚东，苏昕.安徽中医药大健康产业发展路径研究［J］.产业创新研究，2023（2）.

［79］闫慧，李爱菊.新时代民族传统体育产业融合发展研究［J］.体育文化导刊，2020（3）.

［80］严丽萍，李国隆，刘晟，等.发展大健康产业助推县域经济转型升

级 [J]. 中国行政管理, 2018 (1).

[81] 严伟. 演化经济学视角下的旅游产业融合机理研究 [J]. 社会科学家, 2014 (10).

[82] 杨春宇, 邢洋, 左文超, 等. 文化旅游产业创新系统集聚研究: 基于全国 31 省市的 PEF 实证分析 [J]. 旅游学刊, 2016, 31 (4).

[83] 杨雪桐, 李雪. 我国医疗器械行业发展概况及发展趋势浅析 [J]. 中国设备工程, 2021 (18).

[84] 尹宏, 眭海霞. 文化体育旅游产业融合的城市路径: 以成都为例 [J]. 开放导报, 2020 (3).

[85] 尹宏, 王苹. 文化、体育、旅游产业融合: 理论、经验和路径 [J]. 党政研究, 2019 (2).

[86] 袁丹, 雷宏振. 我国西部地区文化旅游产业发展效率与产业集群研究 [J]. 内蒙古社会科学 (汉文版), 2013, 34 (4).

[87] 曾子峰, 刘丹丹. 乡村振兴与大健康产业背景下广西田园式养老研究 [J]. 农村经济与科技, 2022, 33 (19).

[88] 张车伟, 赵文, 程杰. 中国大健康产业: 属性、范围与规模测算 [J]. 中国人口科学, 2018 (5).

[89] 张春香, 刘志学. 基于系统动力学的河南省文化旅游产业分析 [J]. 管理世界, 2007 (5).

[90] 张雷. 运动休闲特色小镇: 概念、类型与发展路径 [J]. 体育科学, 2018, 38 (1).

[91] 张晓楠, 王颖. 现代文化旅游产业的突破与趋势 [J]. 经济导刊, 2011 (1).

[92] 张欣, 张迎芬. 民族文化旅游产业协调开发模式思考 [J]. 贵州民族研究, 2014, 35 (4).

[93] 张新成, 梁学成, 宋晓, 等. 文化旅游产业高质量融合发展的空间网络结构及形成机制 [J]. 统计与决策, 2022, 38 (18).

[94] 张祝平, 曾迎霄. 民族传统体育与文化旅游产业融合发展存在的主要问题与路径建议 [J]. 河南农业, 2021 (15).

[95] 赵纯，和沁，许健，等 . 转型升级中的云南省丽江市文化旅游产业 [J]. 思想战线，2011，37（5）.

[96] 赵桂阳 . 浅谈广西大健康产业发展环境分析 [J]. 西部皮革，2018，40（10）.

[97] 赵立春，钟余特，唐农，等 . 广西中医药大健康产业国际创新合作思路探析 [J]. 中医药管理杂志，2019，27（13）.

[98] 赵雅恒 . 人口老龄化背景下大健康产业投资的国际经验 [J]. 科技经济市场，2022（10）.

[99] 周锦，邱红 . 基于灰色理论的我国文化产业融合发展研究 [J]. 阅江学刊，2015，7（5）.

[100] 周坤，王松，苏欣 . 运动休闲特色小镇空间：特征、价值与营销方略 [J]. 体育文化导刊，2022（1）.

[101] 朱邱晗，方宁 . 数字要素驱动体育旅游产业结构升级：基于文化资本理论视角 [J]. 体育科技文献通报，2023，31（11）.

（三）电子资源

[1] 广西壮族自治区民政厅 . 广西大健康产业发展规划（2021—2025年）[EB/OL]. 广西壮族自治区政府门户网站，2021-10-15.

[2] 广西壮族自治区人民政府关于加快大健康产业发展的若干意见 [EB/OL]. 中国政府网，2019-06-21.

[3] 广西壮族自治区人民政府关于印发广西壮族自治区国民经济和社会发展第十四个五年规划和2035年远景目标纲要的通知 [EB/OL]. 广西壮族自治区政府门户网站，2021-04-26.

[4] 广西壮族自治区人民政府办公厅 . 关于进一步加强少数民族传统体育工作的实施意见 [EB/OL]. 广西壮族自治区政府门户网站，2021-01-21.

[5] 广西壮族自治区文化和旅游厅 . 广西"文旅+"产业融合培育新业态拓展新消费三年行动计划（2022—2024年）[EB/OL]. 广西壮族自治区政府门户网站，2022-12-06.

[6] 国家发展改革委，国土资源部，环境保护部，等 . 关于规范推进特色小镇和特色小城镇建设的若干意见 [EB/OL]. 中国政府网，2017-12-06.

［7］国家发展改革委．关于加快美丽特色小（城）镇建设的指导意见［EB/OL］．中国政府网，2016-10-08.

［8］国家体育总局办公厅．关于恢复和扩大体育消费的工作方案［EB/OL］．国家体育总局网站，2023-07-21.

［9］国务院．"健康中国2030"规划纲要［EB/OL］．中国政府网，2016-10-25.

［10］国务院．国务院关于促进健康服务业发展的若干意见［EB/OL］．中国政府网，2013-10-18.

（四）学位论文

［1］陈思琪．大健康产业医药上市公司现金股利政策研究［D］．郑州：华北水利水电大学，2020.

［2］李赛．云南生物医药行业对东南亚直接投资问题研究［D］．昆明：云南大学，2017.

［3］李晓梅．河北省旅游产业与健康产业适应性融合发展统计实证分析［D］．秦皇岛：燕山大学，2021.

［4］刘燕飞．组织行为学视角下合作学习共同体研究［D］．济南：山东师范大学，2016.

［5］向媛．贵州大健康产业视角下医疗保健消费的实证研究［D］．贵阳：贵州财经大学，2018.

［6］张意．基于RBF神经网络的大健康产业盈余预测研究：以云南白药为例［D］．南京：南京邮电大学，2020.

二、英文文献

［1］CHASE-LUBITZ J F. The Corporate Practice of Medicine Doctrine：An Anachronism in the Modern Health Care Industry［J］. Vanderbilt Law Review，1987，40（2）.

［2］CONNELL J. Film Tourism-Evolution，Progress and Prospects［J］. Tourism Management，2012，33（5）.

［3］DEVARA J S，KOHLI R. Information Technology Payoff in the Health-

Care Industry: A Longitudinal Study [J]. Journal of Management Information Systems, 2000, 16 (4).

[4] FAIRLEY S, TYLER B D. Cultural Learning through a Sport Tourism Experience: The Role of the Group [J]. Journal of Sport & Tourism, 2009, 14 (4).

[5] HAIGH M. Cultural Tourism Policy in Developing regions: The Case of Sarawak, Malaysia [J]. Tourism Management, 2020, 81 (1).

[6] ITO E, HIGHAM J. Supplemental Tourism Activities: A Conceptual Framework to Maximise Sport Tourism Benefits and Opportunities [J]. Journal of Sport & Tourism, 2020, 24 (4).

[7] JAMIESON W. The challenge of cultural tourism [J]. Canadian Tourism Bulletin, 1994, 3 (3).

[8] KELLY J, WILLIAMS P W, SCHIEVEN A. Toward a Destination Visitor Attendance Estimation Model: Whistler, British Columbia, Canada [J]. Journal of Travel Research, 2006, 44 (4).

[9] MALCHROWICZ-MOSKO E, MUNSTERS W. Sport Tourism: A Growth Market Considered from a Cultural Perspective [J]. Ido Movement for Culture. Journal of Martial Arts Anthropology, 2018, 18 (4).

[10] MEKALA G D, JONES R N, MACDONALD D H. Valuing the Benefits of Creek Rehabilitation: Building a Business Case for Public Investments in Urban Green Infrastructure [J]. Environmental Management, 2015, 55 (6).

[11] MOMTAZ S. Public Participation and Community Involvement in Environmental and Social Impact Assessment in Developing Countries: An Application of the Vroom Yetton Model Using Bangladesh as a Case Study [J]. The International Journal of Environmental Cultural Economic and Social Sustainability Annual Review, 2006, 2 (4).

[12] PERNA F, CUSTÓDIO M J, OLIVEIRA V. Local Communities and Sport Activities Expenditures and Image: Residents' Role in Sustainable Tourism and Recreation [J]. European Journal of Tourism, Hospitality and Recreation, 2019, 9 (1).

［13］RADICCHI E. Tourism and Sport: Strategic Synergies to Enhance the Sustainable Development of a Local Context ［J］. Physical Culture and Sport. Studies and Research, 2013, 57 (1) .

［14］RITCHIE J R B, ZINS M. Culture as Determinant of the Attractiveness of a Tourism Region ［J］. Annals of Tourism Research, 1978, 5 (2) .

［15］ROSENBERG N. Technological Change In the Machine Tool Industry: 1840—1910 ［J］. The Journal of Economic History, 1963, 23 (4) .

［16］SAFDEL H, YEKTAYAR M, MOHAMMADI S, et al. Effective Factors on Sports Tourism: Emphasizing Development in Sports Natural Attractions ［J］. Annals of Applied Sport Science, 2014, 2 (4) .

［17］SCHLEMMER P, BARTH M, SCHNITZER M. Research Note Sport Tourism Versus Event Tourism: Considerations on a Necessary Distinction and Integration ［J］. Journal of Convention & Event Tourism, 2020, 21 (2) .

［18］SERRANO-LOMBILLO A, ESCUDER-BUENO I, DE MEMBRILLERA - ORTUÑO M G, et al. Methodology for the Calculation of Annualized Incremental Risks in Systems of Dams ［J］. Risk Analysis, 2011, 31 (6) .

［19］SÜRME M, TEMIZEL M, ASLAN R. A Conceptual Study on The Social, Economic and Cultural Development of Sports Tourism ［J］. Journal of Economics and Business Issues, 2022, 2 (1) .

［20］WEED M. Why The Two Won' t Tango! Explaining the Lack of Integrated Policies for Sport and Tourism in the UK ［J］. Journal of Sport Management, 2003, 17 (3) .

［21］ZIAKAS V, COSTA C A. The Use of an Event Portfolio in Regional Community and Tourism Development: Creating Synergy Between Sport and Cultural Events ［J］. Journal of Sport & Tourism, 2011, 16 (2) .

［22］ZIAKAS V, TZANELLI R, LUNDBERG C. Interscopic Fan Travelscape: Hybridizing Tourism Through Sport and Art ［J］. Tourist Studies, 2022, 22 (3) .

附 录

附录 1　大健康产业背景下广西民族传统体育与
文化旅游产业融合发展研究访谈提纲

您好！感谢您能在百忙之中抽出宝贵的时间来参与此次调查！本次调查的目的是基于大健康产业背景，借助 AHP-模糊综合评价法对广西民族传统体育与文化旅游产业融合度建立评价指标体系。为能深入了解广西民族传统体育与文化旅游产业融合情况，特地访问您，感谢您的支持！

1. 为发展民族传统体育，县政府、村干部、群众等采取什么措施？

2. 主要将哪几项民族传统体育作为发展旅游产业的重点？主要形式有哪些？

3. 民族节庆活动与民族传统体育活动的开展是否为吸引游客到访的主要原因？主要靠哪些手段吸引游客的到来？政府单位或村民们分别做出了哪些努力？

4. 如何通过旅游产业的发展带动民族传统体育的发展？具体举措有哪些？有无具体的文件材料？

5. 民族节庆活动的开展是否受到外来因素的影响，暂停或延迟开展活动？受到阻碍时如何克服？

6. 举办大型的民族节庆活动主要的经济来源有哪些？主要投入哪些方面？通过哪些手段获得人力、物力、财力等方面的支持？

7. 主要开展的民族节庆活动或体育赛事有哪些？这些民族节庆活动或体育赛事是由群众自发举办的还是由政府或其他组织举办的？通常开展活动的经费从哪来？

8. 举办最盛大的民族节庆活动时，是由哪个部门主持开展并筹划的？在政府介入后，有哪些民俗活动程序发生调整？调整的原因是什么？

9. 政府为非遗传承人提供福利吗？传承人平时会展开教学吗？在举行大型节庆活动时他们会在旁边进行指导吗？

10. 当地旅游产业的发展现状如何？旅游特色有哪些？发展当地旅游产业应把握怎样的发展方向和理念？

11. 发展旅游产业和保护民族传统体育能否做到双赢？

12. 在发展文化旅游产业时，采取了哪些措施保护民族传统体育文化的原真性？

13. 在举办大型民俗节庆活动和民族传统体育活动时，周边地区游客的到访情况如何？

14. 民族传统体育与文化旅游产业融合需要具备哪些条件？

15. 当地发展旅游后，是否改善了当地的生活基础设施？是否带动当地特色产业的发展？经济收入有何变化？通过什么方式改善了自己的经济水平？

16. 游客对广西民族传统体育是否感兴趣？本地人是否认同本民族的文化？传统体育是否增强了本地人对本民族文化的认同感？

17. 主要采用了哪些方式进行宣传？主要途径有哪些？产生了什么效应？

18. 在发展民族传统体育与文化旅游产业时存在哪些方面的不足？

19. 在进行民族体育与文化旅游产业融合过程中遇到了哪些困难？融合过程主要经历了几个阶段？

20. 广西民族传统体育与文化旅游产业融合是在什么经济、文化、政策背景下开展的？

附录 2　大健康产业背景下广西民族传统体育与文化旅游产业融合发展研究专家咨询表

尊敬的专家：

您好！感谢您能在百忙之中抽出宝贵的时间来参与本次调查！本次调查的目的是基于大健康产业背景下借助 AHP-模糊综合评价法对广西民族传统体育与文化旅游产业融合度建立评价指标体系。此项调查所填的信息予以保密，敬请放心！请您尽可能如实填写。

大健康产业背景下广西民族传统体育与文化旅游产业融合度评价指标体系如下表所示，请根据您在大健康产业背景下对广西民族传统体育与文化旅游产业融合度的理解，对这些指标进行评判，并提出需要修改、增加、删除的指标。

表 1　大健康产业背景下广西民族传统体育与文化旅游产业融合度评价指标体系

目标层	系统层	要素层	指标层
大健康产业背景下广西民族传统体育与文化旅游产业融合度评价指标体系 A	资源融合 B1	民族传统体育与旅游产业资源的价值 C1	运动休闲价值 D1 民族文化传承价值 D2 健康服务价值 D3
		民族传统体育与文化旅游资源的影响力 C2	健康旅游品牌路线影响力 D4 适游期或适应范围 D5
		资源融合条件 C3	交通条件 D6 地理条件 D7 经济条件 D8 文化旅游产业发展 D9
	市场融合 B1	资源融合现状 C4	民族传统体育文化旅游种类 D10 健康旅游示范基地数量 D11 民族传统体育文化创意旅游产品数量 D12

续表

目标层	系统层	要素层	指标层
大健康产业背景下广西民族传统体育与文化旅游产业融合度评价指标体系 A	市场融合 B2	市场需求 C5	客源市场潜力 D13 运动康养需要 D14 文化传承需求 D15
		利益因素 C6	文化旅游投资与开发政策 D16 关于健康产业的政策与措施 D17 市场开发者对运动养生的认知 D18 市场开发者对民族传统文化的认知 D19
		金融支持 C7	政府支持力度 D20 企业投资环境 D21
		效益影响 C8	经济利益 D22 健康休闲效果 D23 文化传承保护程度 D24
	功能融合 B3	休闲娱乐功能 C9	参与性 D25 观赏性 D26
		文化传播功能 C10	地域文化 D27 民族文化 D28 历史文化 D29
		健康服务功能 C11	身体健康 D30 心理健康 D31
	技术融合 B4	融合业态的技术创新 C12	融合产业体制创新 D32 融合产品市场创新 D33 融合产品管理创新 D34
		产品的技术创新 C13	民族传统体育文化旅游特色产品 D35 民族传统体育文化旅游特色形式 D36

您认为需要修改的指标：＿＿＿＿＿＿＿＿＿＿＿＿＿＿＿＿

您认为需要增加的指标：＿＿＿＿＿＿＿＿＿＿＿＿＿＿＿＿

您认为需要删除的指标：＿＿＿＿＿＿＿＿＿＿＿＿＿＿＿＿

附录3　大健康产业背景下广西民族传统体育与
文化旅游产业融合度评价指标重要程度比较

尊敬的专家：

您好！感谢您能在百忙之中抽出宝贵的时间来参与本次调查！为了确定大健康产业背景下广西民族传统体育与文化旅游产业融合度评价指标体系（见表1）的权重赋值，特此邀请您对各项指标的重要性加以比较并进行打分。打分表采取9分位标度法（见表2），请依据您的真实想法在空白处打分。衷心感谢您抽出宝贵的时间完成这份打分表。

表1　大健康产业背景下广西民族传统体育与文化旅游产业融合度评价指标体系

目标层	系统层	要素层	指标层
大健康产业背景下广西民族传统体育与文化旅游产业融合度评价指标体系 A	资源融合 B1	民族传统体育与旅游产业资源的价值 C1	运动休闲价值 D1 民族文化传承价值 D2 健康服务价值 D3
		民族传统体育与文化旅游资源的影响力 C2	健康旅游品牌路线影响力 D4 适游期或适应范围 D5
		资源融合条件 C3	交通条件 D6 地理条件 D7 经济条件 D8 人才条件 D9 组织部门条件 D10 文化旅游产业发展 D11
	市场融合 B1	资源融合现状 C4	民族传统体育文化旅游种类 D12 健康旅游示范基地数量 D13 民族传统体育文化创意旅游产品数量 D14

190

续表

目标层	系统层	要素层	指标层
大健康产业背景下广西民族传统体育与文化旅游产业融合度评价指标体系 A	市场融合 B2	市场需求 C5	客源市场潜力 D15 运动康养需要 D16 文化传承需求 D17
		利益因素 C6	文化旅游投资与开发政策 D18 关于健康产业的政策与措施 D19 市场开发者对运动养生的认知 D20 市场开发者对民族传统文化的认知 D21
		金融支持 C7	政府支持力度 D22 企业投资环境 D23
		效益影响 C8	经济利益 D24 健康休闲效果 D25 文化传承保护程度 D26
	功能融合 B3	休闲娱乐功能 C9	参与性 D27 观赏性 D28
		文化传播功能 C10	地域文化 D29 民族文化 D30 历史文化 D31
		健康服务功能 C11	身体健康 D32 心理健康 D33
	技术融合 B4	融合业态的技术创新 C12	融合产业体制创新 D34 融合产品市场创新 D35 融合产品管理创新 D36
		产品的技术创新 C13	民族传统体育文化旅游特色产品 D37 民族传统体育文化旅游特色形式 D38

表 2　标度及赋值表

标度 a_{ij}	含义
1	i 和 j 因素同等重要
3	i 比 j 因素稍微重要
5	i 比 j 因素明显重要
7	i 比 j 因素强烈重要
9	i 比 j 因素极其重要
2、4、6、8	i 比 j 因素的重要性处于以上标度之间

表 3　B1~B4 的九分位标度判断矩阵表

大健康产业背景下广西民族传统体育与文化旅游产业融合度评价指标体系 A	B1	B2	B3	B4
资源融合 B1	1			
市场融合 B2	—	1		
功能融合 B3	—	—	1	
技术融合 B4	—	—	—	1

表 4　C1~C4 的九分位标度判断矩阵表

资源融合 B1	C1	C2	C3	C4
民族传统体育与旅游产业资源的价值 C1	1			
民族传统体育与文化旅游资源的影响力 C2	—	1		
资源融合条件 C3	—	—	1	
资源融合现状 C4	—	—	—	1

表 5　C5~C8 的九分位标度判断矩阵表

市场融合 B2	C5	C6	C7	C8
市场需求 C5	1			
利益因素 C6	—	1		

市场融合 B2	C5	C6	C7	C8
金融支持 C7	—	—	1	
效益影响 C8	—	—	—	1

表 6 C9~C11 的九分位标度判断矩阵表

功能融合 B3	C9	C10	C11
休闲娱乐功能 C9	1		
文化传播功能 C10	—	1	
健康服务功能 C11	—	—	1

表 7 C12~C13 的九分位标度判断矩阵表

技术融合 B4	C12	C13
融合业态的技术创新 C12	1	
产品的技术创新 C13	—	1

表 8 D1~D3 的九分位标度判断矩阵表

民族传统体育与旅游产业资源的价值 C1	D1	D2	D3
运动休闲价值 D1	1		
民族文化传承价值 D2	—	1	
健康服务价值 D3	—	—	1

表 9 D4~D5 的九分位标度判断矩阵表

民族传统体育与文化旅游资源的影响力 C2	D4	D5
健康旅游品牌路线影响力 D4	1	
适游期或适应范围 D5	—	1

表 10　D6～D11 的九分位标度判断矩阵表

资源融合条件 C3	D6	D7	D8	D9	D10	D11
交通条件 D6	1					
地理条件 D7	—	1				
经济条件 D8	—	—	1			
文化旅游产业发展 D9	—	—	—	1		
组织部门条件 D10	—	—	—	—	1	
文化旅游产业发展 D11	—	—	—	—	—	1

表 11　D12～D14 的九分位标度判断矩阵表

资源融合现状 C4	D12	D13	D14
民族传统体育文化旅游种类 D12	1		
健康旅游示范基地数量 D13	—	1	
民族传统体育文化创意旅游产品数量 D14	—	—	1

表 12　D15～D17 的九分位标度判断矩阵表

市场需求 C5	D15	D16	D17
客源市场潜力 D15	1		
运动康养需要 D16	—	1	
文化传承需求 D17	—	—	1

表 13　D18～D21 的九分位标度判断矩阵表

利益因素 C6	D18	D19	D20	D21
文化旅游投资与开发政策 D18	1			
关于健康产业的政策与措施 D19	—	1		
市场开发者对运动养生的认知 D20	—	—	1	
市场开发者对民族传统文化的认知 D21	—	—	—	1

表 14　D22~D23 的九分位标度判断矩阵表

金融支持 C7	D22	D23
政府支持力度 D22	1	
企业投资环境 D23	—	1

表 15　D24~D26 的九分位标度判断矩阵表

效益影响 C8	D24	D25	D26
经济利益 D24	1		
健康休闲效果 D25	—	1	
文化传承保护程度 D26	—	—	1

表 16　D27~D28 的九分位标度判断矩阵表

休闲娱乐功能 C9	D27	D28
参与性 D27	1	
观赏性 D28	—	1

表 17　D29~D31 的九分位标度判断矩阵表

文化传播功能 C10	D29	D30	D31
地域文化 D29	1		
民族文化 D30	—	1	
历史文化 D31	—	—	1

表 18　D32~D33 的九分位标度判断矩阵表

健康服务功能 C11	D32	D33
身体健康 D32	1	
心理健康 D33	—	1

表 19　D34~D36 的九分位标度判断矩阵表

融合业态的技术创新 C12	D34	D35	D36
融合产业体制创新 D34	1		
融合产品市场创新 D35	—	1	
融合产品管理创新 D36		—	1

表 20　D37~D38 的九分位标度判断矩阵表

产品的技术创新 C13	D37	D38
民族传统体育文化旅游特色产品 D37	1	
民族传统体育文化旅游特色形式 D38	—	1

附录 4　大健康产业背景下广西民族传统体育与文化旅游产业融合模糊评价问卷调查

尊敬的游客、专家：

您好！感谢您能在百忙之中抽出宝贵的时间来参与本次调查！为了确定大健康产业背景下广西民族传统体育与文化旅游产业融合度的模糊综合评价，特此邀请您对各项指标的模糊综合评价加以比较并进行选择。请依据您的真实想法在空白处选择评价等级。衷心感谢您抽出宝贵的时间完成这份打分表。

1. 您对资源融合 B1 的模糊综合评价为_____。

A. 很好　　　B. 好　　　C. 一般　　　D. 较差　　　E. 很差

2. 在市场融合 B2 中的模糊综合评价_____。

A. 很好　　　B. 好　　　C. 一般　　　D. 较差　　　E. 很差

3. 在功能融合 B3 中的模糊综合评价_____。

A. 很好　　　B. 好　　　C. 一般　　　D. 较差　　　E. 很差

4. 在技术融合 B4 中的模糊综合评价_____。

A. 很好   B. 好   C. 一般   D. 较差   E. 很差

5. 在民族传统体育与旅游产业资源的价值 C1 中的模糊综合评价_____。

A. 很好   B. 好   C. 一般   D. 较差   E. 很差

6. 在民族传统体育与文化旅游资源的影响力 C2 中的模糊综合评价_____。

A. 很好   B. 好   C. 一般   D. 较差   E. 很差

7. 在资源融合条件 C3 中的模糊综合评价_____。

A. 很好   B. 好   C. 一般   D. 较差   E. 很差

8. 在资源融合现状 C4 中的模糊综合评价_____。

A. 很好   B. 好   C. 一般   D. 较差   E. 很差

9. 在市场需求 C5 中的模糊综合评价_____。

A. 很好   B. 好   C. 一般   D. 较差   E. 很差

10. 在利益因素 C6 中的模糊综合评价_____。

A. 很好   B. 好   C. 一般   D. 较差   E. 很差

11. 在金融支持 C7 中的模糊综合评价_____。

A. 很好   B. 好   C. 一般   D. 较差   E. 很差

12. 在效益影响 C8 中的模糊综合评价_____。

A. 很好   B. 好   C. 一般   D. 较差   E. 很差

13. 在休闲娱乐功能 C9 中的模糊综合评价_____。

A. 很好   B. 好   C. 一般   D. 较差   E. 很差

14. 在文化传播功能 C10 中的模糊综合评价_____。

A. 很好   B. 好   C. 一般   D. 较差   E. 很差

15. 在健康服务功能 C11 中的模糊综合评价_____。

A. 很好   B. 好   C. 一般   D. 较差   E. 很差

16. 在融合业态的技术创新 C12 中的模糊综合评价_____。

A. 很好   B. 好   C. 一般   D. 较差   E. 很差

17. 在产品的技术创新 C13 中的模糊综合评价_____。

A. 很好   B. 好   C. 一般   D. 较差   E. 很差

18. 在运动休闲价值 D1 中的模糊综合评价＿＿＿＿＿。

A. 很好　　　B. 好　　　C. 一般　　　D. 较差　　　E. 很差

19. 在民族文化传承价值 D2 中的模糊综合评价＿＿＿＿＿。

A. 很好　　　B. 好　　　C. 一般　　　D. 较差　　　E. 很差

20. 在健康服务价值 D3 中的模糊综合评价＿＿＿＿＿。

A. 很好　　　B. 好　　　C. 一般　　　D. 较差　　　E. 很差

21. 在健康旅游品牌路线影响力 D4 中的模糊综合评价＿＿＿＿＿。

A. 很好　　　B. 好　　　C. 一般　　　D. 较差　　　E. 很差

22. 在适游期或适应范围 D5 中的模糊综合评价＿＿＿＿＿。

A. 很好　　　B. 好　　　C. 一般　　　D. 较差　　　E. 很差

23. 在交通条件 D6 中的模糊综合评价＿＿＿＿＿。

A. 很好　　　B. 好　　　C. 一般　　　D. 较差　　　E. 很差

24. 在地理条件 D7 中的模糊综合评价＿＿＿＿＿。

A. 很好　　　B. 好　　　C. 一般　　　D. 较差　　　E. 很差

25. 在经济条件 D8 中的模糊综合评价＿＿＿＿＿。

A. 很好　　　B. 好　　　C. 一般　　　D. 较差　　　E. 很差

26. 在人才条件 D9 中的模糊综合评价＿＿＿＿＿。

A. 很好　　　B. 好　　　C. 一般　　　D. 较差　　　E. 很差

27. 在组织部门条件 D10 中的模糊综合评价＿＿＿＿＿。

A. 很好　　　B. 好　　　C. 一般　　　D. 较差　　　E. 很差

28. 在文化旅游产业发展 D11 中的模糊综合评价＿＿＿＿＿。

A. 很好　　　B. 好　　　C. 一般　　　D. 较差　　　E. 很差

29. 在民族传统体育文化旅游种类 D12 中的模糊综合评价＿＿＿＿＿。

A. 很好　　　B. 好　　　C. 一般　　　D. 较差　　　E. 很差

30. 在健康旅游示范基地数量 D13 中的模糊综合评价＿＿＿＿＿。

A. 很好　　　B. 好　　　C. 一般　　　D. 较差　　　E. 很差

31. 在民族传统体育文化创意旅游产品数量 D14 中的模糊综合评价＿＿＿＿＿。

A. 很好　　　B. 好　　　C. 一般　　　D. 较差　　　E. 很差

32. 在客源市场潜力 D15 中的模糊综合评价_____。

A. 很好　　　B. 好　　　C. 一般　　　D. 较差　　　E. 很差

33. 在运动康养需要 D16 中的模糊综合评价_____。

A. 很好　　　B. 好　　　C. 一般　　　D. 较差　　　E. 很差

34. 在文化传承需求 D17 中的模糊综合评价_____。

A. 很好　　　B. 好　　　C. 一般　　　D. 较差　　　E. 很差

35. 在文化旅游投资与开发政策 D18 中的模糊综合评价_____。

A. 很好　　　B. 好　　　C. 一般　　　D. 较差　　　E. 很差

36. 在关于健康产业的政策与措施 D19 中的模糊综合评价_____。

A. 很好　　　B. 好　　　C. 一般　　　D. 较差　　　E. 很差

37. 在市场开发者对运动养生的认知 D20 中的模糊综合评价_____。

A. 很好　　　B. 好　　　C. 一般　　　D. 较差　　　E. 很差

38. 在市场开发者对民族传统文化的认知 D21 中的模糊综合评价_____。

A. 很好　　　B. 好　　　C. 一般　　　D. 较差　　　E. 很差

39. 在政府支持力度 D22 中的模糊综合评价_____。

A. 很好　　　B. 好　　　C. 一般　　　D. 较差　　　E. 很差

40. 在企业投资环境 D23 中的模糊综合评价_____。

A. 很好　　　B. 好　　　C. 一般　　　D. 较差　　　E. 很差

41. 在经济利益 D24 中的模糊综合评价_____。

A. 很好　　　B. 好　　　C. 一般　　　D. 较差　　　E. 很差

42. 在健康休闲效果 D25 中的模糊综合评价_____。

A. 很好　　　B. 好　　　C. 一般　　　D. 较差　　　E. 很差

43. 在文化传承保护程度 D26 中的模糊综合评价_____。

A. 很好　　　B. 好　　　C. 一般　　　D. 较差　　　E. 很差

44. 在参与性 D27 中的模糊综合评价_____。

A. 很好　　　B. 好　　　C. 一般　　　D. 较差　　　E. 很差

45. 在观赏性 D28 中的模糊综合评价_____。

A. 很好　　　B. 好　　　C. 一般　　　D. 较差　　　E. 很差

46. 在地域文化 D29 中的模糊综合评价_____。

A. 很好　　　B. 好　　　C. 一般　　　D. 较差　　　E. 很差

47. 在民族文化 D30 中的模糊综合评价_____。

A. 很好　　　B. 好　　　C. 一般　　　D. 较差　　　E. 很差

48. 在历史文化 D31 中的模糊综合评价_____。

A. 很好　　　B. 好　　　C. 一般　　　D. 较差　　　E. 很差

49. 在身体健康 D32 中的模糊综合评价_____。

A. 很好　　　B. 好　　　C. 一般　　　D. 较差　　　E. 很差

50. 在心理健康 D33 中的模糊综合评价_____。

A. 很好　　　B. 好　　　C. 一般　　　D. 较差　　　E. 很差

51. 在融合产业体制创新 D34 中的模糊综合评价_____。

A. 很好　　　B. 好　　　C. 一般　　　D. 较差　　　E. 很差

52. 在融合产品市场创新 D35 中的模糊综合评价_____。

A. 很好　　　B. 好　　　C. 一般　　　D. 较差　　　E. 很差

53. 在融合产品管理创新 D36 中的模糊综合评价_____。

A. 很好　　　B. 好　　　C. 一般　　　D. 较差　　　E. 很差

54. 在民族传统体育文化旅游特色产品 D37 中的模糊综合评价_____。

A. 很好　　　B. 好　　　C. 一般　　　D. 较差　　　E. 很差

55. 在民族传统体育文化旅游特色形式 D38 中的模糊综合评价_____。

A. 很好　　　B. 较好　　　C. 一般　　　D. 较差　　　E. 很差